Comprendre le mal

Ouverture philosophique

Collection dirigée par Aline Caillet, Dominique Chateau, Jean-Marc Lachaud et Bruno Péquignot

Une collection d'ouvrages qui se propose d'accueillir des travaux originaux sans exclusive d'écoles ou de thématiques.

Il s'agit de favoriser la confrontation de recherches et des réflexions qu'elles soient le fait de philosophes "professionnels" ou non. On n'y confondra donc pas la philosophie avec une discipline académique ; elle est réputée être le fait de tous ceux qu'habite la passion de penser, qu'ils soient professeurs de philosophie, spécialistes des sciences humaines, sociales ou naturelles, ou... polisseurs de verres de lunettes astronomiques.

Dernières parutions

Stefano BRACALETTI, *Le paradigme inachevé. Matérialisme historique et choix rationnel*, 2012.
Laurence HARANG, *La valeur morale des motifs de l'action. Motivation éthique et motifs*, 2012.
Olivier LAHBIB, *Avoir, Une approche phénoménologique,* 2012.
Dimitri TELLIER, *La métaphysique bergsonienne de l'intériorité. Se créer ou se perdre,* 2012.
Alessia J. MAGLIACANE, *Monstres, fantasmes, dieux, souverains. La contraction symbolique de l'esprit chez Sade, Dick, Planck et Bene*, 2011.
Xavier ZUBIRI, *L'homme, sa genèse et sa durée. Etudes anthropologiques II*, 2011.
Xavier ZUBIRI, *L'homme, sa réalité et ses structures. Etudes antrhopologiques* I, 2011.
Élysée SARIN, *Épistémologie fondamentale appliquée aux sciences sociales*, 2011.
Pierre DULAU, *L'arche du temps*, 2011.
François HEIDSIECK, *Simon Weil*, 2011.
Guy VINCENT, *Des substitutions comme principe de la pensée*, 2011.
Marco BELANGER, *Existe-t-il des dilemmes moraux insolubles ?* 2011.
Paul AÏM, *Vivre et exister,* 2011.

Nicole-Nikol Abécassis

Comprendre le mal

L'Inquisition et la Shoah face à face

Préface de Jean-Pierre Faye
Postface d'Yves Ternon

L'Harmattan

OUVRAGES DU MEME AUTEUR

La Fin de l'art, P.U de Lille, 2003.

Les Cours d'Esthétique de Hegel, Bréal, Paris, 2004.

Comprendre l'art contemporain, L'Harmattan, Paris, 2007.

Réflexions sur la question négationniste, L'Harmattan, Paris, 2008.

Bon pour toi ? Pas bon pour moi ! Asbl, Bruxelles, 2009 (littérature pour enfants).

Qu'est-ce que comprendre ? Essai sur le sens, L'Harmattan, Paris, 2009.

5-7, rue de l'Ecole-Polytechnique, 75005 Paris

http://www.librairieharmattan.com
diffusion.harmattan@wanadoo.fr
harmattan1@wanadoo.fr

ISBN : 978-2-296-96117-3
EAN : 9782296961173

A Henri Pascal,
qui m'a rappelée sur le chemin de la philosophie
au moment où j'allais m'égarer.

A Marie-Christine Baldassari,
qui en sait plus sur moi que tout autre,
m'ayant permis, par son écoute juste,
de regarder mes monstres intérieurs
avec la distance qu'il fallait.

A Gérard Nègre,
par l'intelligente médiation duquel
j'ai enfin réussi à échouer
... sur un rivage.

AVANT-PROPOS

Là où l'on ne risque plus ni le bûcher ni la potence ni quelque autre forme d'attentat, il y a une certaine indécence, de la part de la philosophie, à se soucier encore, pour traiter de la question du mal, de composer une *théodicée.* Il faut bien reconnaître, en effet, que ce que la pensée concède aux Dieux, elle le retire bien souvent aux hommes, privant ces derniers du développement de certains concepts qui pourraient contribuer à les éclairer davantage sur eux-mêmes. En tout cas, toute théodicée se soucie bien moins de sauver l'idée d'humanité que celle de divinité, quand bien même le Dieu pensé dût apparaître, pitoyablement, afin de ne pas rester coincé dans une contradiction, un Dieu impuissant ! Quel Dieu a-t-il pu, en effet, « laisser faire cela »[1], étant entendu qu'on ne peut tout de même pas inclure, dans la définition de Dieu, la possibilité, pour lui, d'être méchant ; assez méchant pour avoir laissé exister, par exemple, les camps d'extermination. Voltaire aurait dit, ici : le tremblement de terre de Lisbonne. Pourquoi ne peut-on « tout de même » pas ? Mais parce qu'autrement il ne serait plus question d'un Dieu, mais du diable ! Alors passe pour le Dieu impuissant ! Concession désespérée.

Le concept d'*humanité* n'en est pourtant pas moins précieux que celui de Dieu. Sans doute l'est-il même davantage (à condition qu'il ne devienne pas une nouvelle niche pour abriter les fantasmes nourrissant toutes les formes d'exaltation, tel celui d'humanité purifiée par exemple) ; plus précieux au moins comme concept régulateur sur la voie de l'humanisation de soi, laquelle n'est jamais acquise une fois pour toutes ; humanisation qui s'oppose ici, non pas à d'obscures non-humanité ou sous-humanité, mais à l'*inhumain* au sens *éthique* du terme. D'ailleurs, ce mot forgé par l'homme lui-même pour parler de lui-même selon certains de ses aspects révélés ne doit

[1] Hans Jonas, *Le Concept de Dieu après Auschwitz*, Payot et Rivages, Paris, 1994, p.13.

jamais avoir d'autre sens qu'un sens éthique (par exemple un sens biologique).

Alors l'inhumanité *éthiquement définie*, parlons-en ! En parlant du *mal*. Avec moult précautions, car les discours faits au nom de l'éthique sont parfois (et si facilement) idéologiques. Les « mauvais », les « méchants », les « singes de terre », les « œufs de poux »[2], auxquels nous rajouterons les « bacilles »[3]... en savent quelque chose, ceux-là mêmes que certains hommes ne surent (ou ne voulurent) pas reconnaître comme appartenant au même titre qu'eux à l'humanité !

*

Si, dans ce projet de compréhension du mal, l'Inquisition et la Shoah seront convoquées, c'est parce qu'il n'y a aucune ambiguïté sur le fait que, autant dans l'une que dans l'autre, du mal s'est déployé, si l'on puit dire, mais non sans une amère ironie, dans toute sa splendeur.

L'Inquisition et la Shoah ne sont certes pas les seuls événements de l'histoire dans lesquels du mal s'est déployé ; mais elles offrent à observer et à penser ce dernier, comme au microscope. Un mal inouï car institutionnalisé, systématisé, d'un côté par une théologie politisée, de l'autre par une politique « mysticisée ».

Mais en dépit de cette parenté dans le mal, l'Inquisition et la Shoah développent à l'extrême des figures du mal qui s'opposent et s'entre-excluent, la première rêvant en quelque sorte de fabriquer des anges (véritable cauchemar pour les êtres humains, corps et âmes et non pures âmes, et véritable sacrifice[4]), la seconde visant à en arriver à des corps purs,

---

[2] C. Lévi-Strauss, *Race et Histoire*, Gallimard, Paris, 1987, p. 21.

[3] Telle est la façon, entre autres, par laquelle les nazis désignaient les Juifs.

[4] S'il peut y avoir un sens à désigner un événement historique par le mot d'Holocauste, entre la Shoah et l'Inquisition, c'est bien cette dernière et certainement pas la première qui pourrait, à la limite, en supporter le nom. D'une part parce que les Nazis eux-mêmes n'ont jamais, par le projet et la mise en œuvre de l'extermination des Juifs d'Europe, visé à offrir quelque sacrifice que ce soit à un Dieu, d'autre part parce qu'il serait du coup

principalement en réduisant certains hommes (les Juifs) à de « purs » corps (catastrophe absolue pour les êtres humains, en tant que vivants, certes, mais spécifiquement en tant que vivants *pensants*).

---

scandaleux de soutenir que cet événement trouverait un sens dans l'idée que les Juifs auraient de fait été exterminés en sacrifice à Dieu ! Par contre, l'Eglise ne peut qu'assumer le fait que les horreurs perpétrées lors de l'Inquisition ont été faites en l'honneur de Dieu. Une violence « sainte », en somme !

PREFACE

Peut-on préfacer ce qui est déjà un « face-à-face » ? Ce serait souligner fortement celui-ci, qui vient confronter deux figures du pire, deux machines de mise en torture effrénée aux motifs presque opposés. L'une veut forcer la conscience à « l'aveu » sous le prétexte de sauver « l'âme », par la contrainte exercée sur le corps. L'autre veut anéantir le corps sous le prétexte d'une *malédiction*, d'un *dire* arbitrairement plaqué sur eux, et qui prétend désigner certaines parmi les races humaines comme appartenant « à une autre espèce » que la « nôtre »... Comme si l'on pouvait posséder une « race », cet amas de gènes.

Voici donc le pire en face contre face. L'Inquisition et le Reich nazi. L'une, en guerre contre les « âmes », et torturant les corps avec minutie. L'autre, s'acharnant contre les corps, en prétextant d'une guerre déclarée à une « race mentale », selon les termes singuliers d'Hitler lui-même au moment de ses derniers jours. Guerre faite à une fiction, par d'horribles moyens.

L'Inquisition, machine à extraire les aveux de « l'âme » en pressurant le corps, est le plus terrible dispositif de fabrique narrative acharnée sur le corps humain. Il s'agira de cerner le moment où le corps devient émetteur de fable, et où il laisse transparaître sa faiblesse dans la disposition des récits qui seraient l'aveu de sa *conscience*.

Monstrueuse machine, acharnée à détecter les *choix* présumés contraires à la doctrine : *heresis*. Comment approcher et capter ce moment invisible ou *choix* de l'âme ? Poursuivre ainsi « l'horrible crime », celui du choix d'une *anti-doctrine*, en un point quelconque du langage. Celui-ci est mesuré par la distance à l'égard d'un corpus étalonné férocement comme « vérité ». Paradoxalement, cette procédure chargée d'obtenir une extraction de l'aveu agit sur la matérialité du corps, en présumant qu'il est géré par une machine de vérité. Mais comment *vérifier* cette présumée *vérité*, si elle peut se trouver monstrueusement torturée dans le corps ?

Un fragment de récit nous est apporté par l'analyse de Nicole Abécassis. Dans la ville de Barcelone, trois hérétiques : l'un deux, « brûlé de tout un côté, va crier qu'on le déliât, et veut abjurer ». Quelle est cette *liberté* que l'on a voulu approcher par le feu ? Voici un côté du corps qui est brûlé. De l'autre côté (de quoi ?) serait à dire une vérité sur le rapport à la « vérité » ? Quelle est cette étonnante machine à langage qui se nommerait âme humaine et qu'à tout prix l'on s'acharnerait à « sauver » en forçant son récit... par le feu ?

Surgit une proposition effrayante, dans la confusion de l'*hérésie* et de la maladie : « Toi aussi tu es un lépreux, balafré par l'hérésie ». Ces mots disent l'effroi de l'Inquisition ou Grand Inquisiteur dans l'Europe du Sud. En Espagne elle réussit à dévier durablement le cours de toute philosophie. Mais le fleuve va ressurgir dans la narration cervantine. Le combat contre les moulins à vent est l'exploit suprême et inoubliable de « l'ingénieux hidalgo » Don Quichotte. Car ces moulins ne sont pas autre chose que les Inquisiteurs *eux-mêmes*, habillés en creux.

Un poète de langue anglaise et d'origine polonaise, Jerôme Rothenberg, dont la famille demeurait à 15 kilomètres de Treblinka, reprenait le terme hébraïque ancien qui désignait la dévastation du temple de Jérusalem par l'armée babylonienne, et l'Exil par déportation qui s'ensuivit : ce mot est *Khurbra*, et il désigne par lui l'extermination nazie, en suivant l'usage des survivants des camps de Pologne. Il pourrait s'appliquer également à cet exil dans l'univers de la torture qu'a constitué le temps de l'Inquisition. Les tableaux de Goya le décrivent dans son infâme cruauté.

Sur l'autre bord, le Reich nazi. Quelle narration folle lui a mis dans la gueule le mot *race*, pourtant d'étymologie française, latine (peut-être dérivée de *generatio*)? Ce mot survient d'abord dans la désignation paisible des familles royales : race mérovingienne, race carolingienne, race capétienne... Puis vient la redoutable confusion avec « espèce » : cet ensemble de vivants qui sont « féconds entre eux ». Ainsi, il existe donc *une* espèce humaine, et *une seule*. Le terme *race* suit les couleurs des visages, et celles-ci vont être désignées de façon sèche :

ainsi les « blancs » désormais ne sont que les « leucodermes »[5] ; et ce mot savant suffit à rabaisser toute prétention à être la *meilleure* race, pas plus que les leucocytes, globules blancs, ne seraient meilleurs que les hématies, les globules rouges… Les livres de géographie de mon enfance parlaient encore d'une « race rouge », mais il s'est avéré que ce n'était qu'une coiffure de plumes qui la distinguait d'autres *races*.

La fureur du Reich hitlérien va se mesurer, dans l'histoire, à la bêtise de son fondateur, tête bourrée de fables ineptes qui l'autorisaient à être le plus bêtement cruel. Heidegger, dans sa façon à peine particulière de proclamer son adhésion violente au *nationalsocialisme*, a exigé « l'extermination totale », dès décembre 33, de « l'ennemi intérieur », qu'il désigna comme « l'asiatique ». Mais s'il existait une race « aryenne », désignée du nom des *Aryens*, tribu minuscule dans l'Inde du Nord, elle serait assurément « asiatique » avec plus d'évidence que les habitants de Jérusalem. Ceux-ci furent qualifiés de *sémites* par les philosophes allemands, quand ils firent la découverte très véritable des groupes linguistiques, et que de stupides *anthropologies*, à leur suite, confondirent ces structures de langues avec des *races*. Ainsi survient soudain le pamphlet des « *Cahiers antisémites* » en 1873, d'un certain Wilhem Marr, lui que Marx, qui le rencontra par hasard, soupçonna d'être un indicateur de police. Pour Marr, ce qu'il nomme la « victoire du judaïsme sur le germanisme » aurait fait de l'Allemagne une « nouvelle Palestine »… Le mouvement de ces mots est un paradoxe permanent et belliqueux, mais privé de tout sens.

Autant Heidegger adhère sans réserve au « Troisième Reich » dans son langage, autant Nietzsche le *réfute* d'avance. Ses ultimes *Cahiers posthumes* entre 1885 et 1888 se prononcent clairement : « contre aryen et sémite ». Et il ajoute : « Là où les races sont mêlées, périodes de grande culture ». Le terme d'*Untermensch*, qu'il avance très rarement, désigne pour lui l'apparition des fables de « fées et centaures », où surgit « l'œil de la perception individuelle… ». Et *Ubermensch* n'est plus, dans les dernières séquences de *Zarathoustra,* que ce but

[5] « Mélanodermes et xanthodermes » désigneraient les couleurs noires et jaunes de la peau humaine. Mais qui donc aurait une peau *jaune* ?

ironique et toujours *manqué* : de ces « manqués » que sont les « hommes supérieurs »... On est très loin du sens racial (*völkisch*) que lui donnera l'hitlérisme.

Nicole Abécassis le souligne avec force : dans la perspective du nazisme, « il n'y a pas d'histoire ». La fable est figée dans un surplace de la stupeur : « La race est le point de départ et le point d'arrivée ». A l'éducation se substitue le « dressage » ; et ce mot, *Zucht*, est malheureusement valorisé par Nietzsche. Mais celui-ci échappe presque toujours ironiquement à ses propres pièges. Un fragment étrange des *Posthumes* débute par « l'extermination des races déchues », mais s'achève, comme la vérité surgie après plusieurs hypothèses, après avoir commencé par le pire : et tout au contraire en finale, c'est le « *mélange des races* » qui est « *la plénitude de la nature* ». *Mischung des Rassen... Fülle der Natur...*

La synthèse pénétrante de Nicole Abécassis atteint sa plus grande profondeur là où elle rejoint les *Manuscrits des Sonderkommandos*, qui furent enterrés à Birkenau : « Comme si tu te persuadais de ne pas te soucier de ta propre vie... mais la vérité, c'est qu'on a envie de vivre à tout prix... Je suis tombé sous la pression de la volonté de vivre... ». Mais le siècle, ajoute-t-elle fortement, « *laisse la vie faire de l'ombre à la morale* ».

Et pourtant survient « la petite douzaine, au 101e bataillon de réserve, qui refuse de procéder aux tueries en Pologne ». Sur la toile de fond où se répand « le délire infini de l'extermination »[6]. Là où la narration errante porte le poison de ses fables. Sans l'œil éthique, sur l'autre, qui vient à sa rencontre.

*

Tortures et tueries (Inquisiteur et Führer) sont répandues sur les siècles de l'histoire, et rendent celle-ci plus horrible à penser que la brutalité des préhistoires.

---

[6] Vladimir Jankélévitch.

Mais l'approche pensée de ses pires moments peut contribuer à une relative clarté qui tend à devenir libératrice de ce *pire*. C'est en cela que la double analyse de Nicole Abécassis, dans ce livre ardent et bouleversant, nous aide à penser le pire plus fortement par plus de profondeur.

Août 2011, Jean-Pierre Faye

INTRODUCTION

« (...) toute définition de la liberté donnera raison au déterminisme ».
(Bergson, Essais sur les données immédiates de la conscience[7]*)*

L'expression « comprendre le mal » est ambiguë. S'agit-il d'une proposition *théorique* (faire du mal le sujet de sa réflexion, un objet éclairé par et pour l'intelligence) ou d'une proposition *pratique* (considérer le mal avec une certaine bienveillance pour, par exemple, cette raison avancée que l'homme ne pourrait pas faire autrement, du fait de sa « nature », que commettre le mal) ?

Impossible de trancher immédiatement, bien sûr. D'ailleurs, faudra-t-il trancher ? Car il pourra bien s'avérer qu'il y a du sens à mener les deux projets : celui d'une compréhension *théorique* et celui d'une compréhension au sens *pratique*. Les deux ne sont pas sans être liés ; et nous le savons bien, en tout cas le sentons-nous, plus ou moins confusément, nous qui craignons parfois que l'effort de compréhension *théorique* ne soit un premier pas vers la compréhension *morale*. Que l'on songe ici, par exemple, au refus de certains de regarder l'événement particulièrement tragique qu'est la Shoah comme compréhensible, pour cette raison que le projet de la comprendre recèlerait en son cœur le risque du pardon à l'égard des coupables : « Il y a une obscénité absolue du projet de comprendre », ne cesse de répéter[8] C. Lanzmann, auteur de *Shoah*.

Tout de même, l'engagement de comprendre *théoriquement* le mal est une entreprise qui paraît au premier abord généralement moins dérangeante que celle de tenter de le comprendre *moralement* (dans le sens d'être compréhensif à l'égard des

[7] PUF, Paris, 1985, p. 165.

[8] Dans *Le mal*, recueil d'articles publié sous la direction de J.-B. Pontalis, Gallimard, Paris, 1988, p. 239.

hommes qui le commettent, voire de leur accorder son pardon). Telle est bien la position, par exemple, de V. Jankélévitch concernant les crimes nazis en tant que crimes contre l'humanité : le philosophe ne s'interdit pas de les interroger pour tenter de les comprendre (théoriquement) mais, par contre, il dénonce le pardon à l'égard des nazis comme un mal... impardonnable : « Lorsqu'un acte nie l'essence de l'homme en tant qu'homme, la prescription qui tendrait à l'absoudre au nom de la morale contredit elle-même la morale. N'est-il pas contradictoire et même absurde d'invoquer ici le pardon ? Oublier ce crime gigantesque contre l'humanité serait un nouveau crime contre le genre humain »[9].

Mais, bien conscients, concernant « l'objet » mal, de la différence entre la démarche de compréhension *théorique* et la démarche de compréhension *morale*, même si nous reconnaissons que la première peut faciliter la seconde (mais pas y conduire automatiquement), pouvons-nous vraiment prétendre nous avancer sur le chemin de la compréhension théorique du mal, la conscience parfaitement tranquille ? Car sommes-nous prêts à tout entendre (les conclusions de toute recherche théorique) sur le mal ? C'est que, de ce qui apparaîtra, concernant une éventuelle « essence » du mal et la « nature » de celui qui le commet, à savoir l'homme, s'ensuivront nécessairement des conséquences au niveau pratique ! Ainsi, par exemple, punira-t-on, condamnera-t-on celui dont on aura compris, peut-être, qu'il ne peut pas faire autrement que de faire le mal ? Non pas tel ou tel homme particulier dans l'histoire duquel on aura trouvé un grand nombre de ce que la justice appelle des « circonstances atténuantes » (lesquelles, comme le précise très bien Jankélévitch, « supposent une mauvaise *intention* essentielle à atténuer »[10]), mais l'homme en général. *Tout* homme.

Rien ne nous assure de ne pas découvrir (et certains philosophes, psychologues... disent l'avoir découvert !) que

[9] *L'Imprescriptible. Pardonner ? Dans l'honneur et la dignité*, Le Seuil, Paris, p. 25.

[10] *L'Innocence et la méchanceté*, Flammarion, Paris, 1986, p. 69 *(c'est nous qui soulignons)*.

l'homme, bien que *sachant* (et de le *savoir* est une condition nécessaire, ici) faire la distinction entre un mal et un bien, est toutefois condamné, du fait de sa nature, à commettre le mal (un mal plus ou moins grand, plus ou moins fréquent…, là n'est pas la question, *sur le fond*, ici). Ainsi, par exemple, le philosophe Kant défend-il l'idée que, pour une part déterminé empiriquement, l'homme ne peut réussir aucune action véritablement bonne (épurée de tout mobile sensible) et qu'en conséquence il est toujours dans le mal, mal qu'il convient, du coup, de qualifier de « radical » [11] ; entendons : l'homme n'aurait pas le pouvoir, du fait de sa dimension sensible parasitant sa dimension intelligible, de vouloir le bien pour le bien, seul vouloir véritablement moral, mais sa volonté serait toujours entachée de motivations hétérogènes à la moralité.

Instinct, pulsions, passions, force des désirs, processus psychiques inconscients, déterminismes économiques, sociaux, historiques…, tout ce que l'on trouvera dans le genre et que les diverses sciences de l'homme ne manquent pas de mettre en évidence, non seulement entraverait l'homme quand celui-ci voudrait faire le bien, mais aussi, conséquemment, l'autoriserait à regarder le mal dont il serait l'auteur comme ne relevant finalement pas de sa responsabilité (du coup, en serait-il vraiment l'*auteur* ?). La conséquence, pour Kant, est claire et il la glisse dans une discrète note de sa *Dialectique* : « La moralité propre des actions (le mérite et la faute), celle même de notre propre conduite, nous demeure donc absolument cachée. (…) Dans quelle mesure faut-il en attribuer l'effet pur à la liberté, dans quelle mesure à la simple nature, aux vices involontaires du tempérament, ou à ses heureuses qualités, c'est ce que personne ne peut découvrir, ni par conséquent juger avec une parfaite justice »[12].

Mais excluons la place encore accordée ici à la liberté car, après tout, la liberté n'est pas un objet de *connaissance*. En

[11] Voir notamment *La Religion dans les limites de la simple raison*.
[12] *Critique de la Raison pure*, traduction Jules Barni, Flammarion, Paris, 1976, p. 448.

effet, si la liberté est bien ce que l'on entend qu'elle est, à savoir la capacité d'inaugurer des séries causales[13], donc de *décider*[14] et de mettre en œuvre une action à partir de la décision, elle ne peut pas être un objet articulé aux autres objets du monde. Ce qui revient à dire qu'elle ne pourrait devenir un objet de connaissance que si elle devenait son contraire, à savoir la *nécessité*. Aussi la liberté ne peut-elle valoir pour nous que comme *idée* (théorique) ou comme croyance, sorte d'acte de foi (pratique) ; Kant dit ici « postulat de la raison pratique »[15].

Ainsi, si l'on écarte l'hypothèse même de la liberté, il faut aller plus loin que Kant et soutenir qu'il faut détruire les tribunaux et s'interdire de juger qui que ce soit car, dans cette nouvelle perspective, on ne peut plus dire de qui que ce soit qu'il a eu l'*intention* de faire ce qu'il a fait, mais simplement qu'il y a été *poussé* (par des causes d'ordres divers).

Quelle tragédie qu'une telle condition ! Une *conscience* morale (sachant distinguer entre un mal et un bien), mais pas de liberté pour la mettre en œuvre ! Pour être à sa hauteur ! Ne serait-il pas temps que l'homme, chose *consciente* mais chose parmi les choses, dépasse cette contradiction intérieure en se pardonnant par avance son impuissance au regard du bien et du mal et de la moralité ?

Mais parlons-en de cette conscience dite *morale* tout impuissante, comme celle de ce Dieu pensé par Jonas, assurément bon, quant à lui, mais incapable d'intervenir dans le monde. Si la liberté n'est rien, la conscience en tant que morale doit elle-même être définie comme l'*effet* de causes. Freud propose précisément de l'homme le portrait d'un être déterminé *primairement* par le « ça », centre des pulsions visant le plaisir et ignorant toute norme. Cette détermination primaire, selon lui, entre en conflit avec les exigences du moi (exigences en grande partie intériorisées par ou « dans » le surmoi), ce grand pourvoyeur de sentiments de culpabilité et, surtout, d'angoisse,

---

[13] Pour reprendre une définition proposée par Kant dans la *Critique de la Raison pure, Dialectique transcendantale*.

[14] Du mot latin *decido* qui signifie « couper » (le fil du déterminisme).

[15] *Critique de la Raison pratique*.

ces exigences se construisant autour de la nécessité (sur le fond pour la survie de l'espèce) de se plier au principe de réalité (tout autant les « lois » de la nature que les lois sociales qui font résistance à certains désirs). Ici, l'aliénation monte d'un cran. La conscience n'a plus à se regarder elle-même, dans sa capacité à distinguer entre un mal et un bien, que comme une chose *savante* mais… plus que jamais chose parmi les choses.

Passage de la *conscience* morale à la simple *connaissance* (de la) morale ? Mais du coup, dans cette perspective du refus de la prise en considération de ce qui n'est qu'une idée ou qu'un objet de croyance, à savoir la liberté, cela a-t-il encore un sens de parler de *morale*, ce mot ne se trouvant finalement fondé que sur l'illusion d'un homme libre et, partant, responsable de ses actes (qui apparaissent ici comme n'étant plus des actes mais comme de simples effets de causes) ? La notion de morale se révèle bien plutôt, ici, comme une sorte d'« obstacle épistémologique »[16], pour reprendre une terminologie bachelardienne, dans le projet de connaissance et de compréhension de l'homme par lui-même !

Plus de morale, donc. Plus de bien, plus de mal non plus. Effectivement, le dit mal et le dit bien, comme simples conventions transmises par l'éducation et enregistrées dans la série des connaissances « utiles » ; ici, précisément, utiles pour la vie collective : de la même façon qu'il ne faut pas mettre la main dans le feu, qu'il faut regarder à gauche et à droite avant de traverser la route, qu'il faut dire bonjour quand on croise quelqu'un que l'on connaît, qu'il faut remercier quand on nous a rendu un service, etc., il ne faut pas tuer. Plus profondément, le mal et le bien deviennent des sortes de normes intériorisées, associées, par conditionnement, à des sentiments désagréables (telles la culpabilité, la honte… qui sont compréhensibles comme une sorte de terreur à être rejeté par les autres) : par exemple, l'interdit de l'inceste, présenté par l'ethnologue C. Lévi-Strauss[17] comme le premier interdit, celui qui avait pour intérêt, selon lui, d'ouvrir les familles les unes sur les autres et

[16] *La Formation de l'esprit scientifique.*
[17] *Les Structures élémentaires de la parenté.*

d'élargir ainsi le champ social (d'autres diraient, en se plaçant sur le terrain de la biologie : qui présentait l'intérêt, plus ou moins intuitionné, d'éviter la multiplication des tares néfastes à la perpétuation de l'espèce humaine), trouve probablement, aujourd'hui, comme meilleure garantie, la gêne, voire le dégoût, éprouvés par la majorité des êtres humains adultes à la simple idée de copuler avec leurs enfants et, par les enfants qui ont dépassé l'âge de raison, à celle de connaître avec leurs propres parents des relations intimes. Bel exemple, s'il en est, de processus d'intériorisation, associé à un sentiment désagréable !

Voilà une compréhension du mal (très relativiste, par la *force des choses*, dès lors que ne sont plus pris en considération ni l'idée ni le postulat de liberté), que d'aucuns taxeraient sans hésiter de scandaleuse car… d'immorale ! Bien sûr, leur jugement serait fondé sur la permanence de l'illusion de la liberté et, partant, aussi, sur celle d'un fondement de la moralité.

Ainsi les sciences n'en ont-elles pas fini de mettre en avant de nouvelles explications déterministes pour rendre compte des comportements humains. Et ce, d'autant plus que le cerveau (après le crâne !) est devenu un objet d'observation et d'étude comme n'importe quel autre objet, nourrissant, entre autres, les discours des sciences dites cognitives qui s'autorisent à occuper désormais quasiment tout le terrain des laboratoires de recherches consacrées aux interrogations sur l'homme. Et les discours philosophiques contemporains s'installent également volontiers sur ce terrain-là. C'est qu'il ne faudrait pas être à la traîne !

Mais dire que les déterminismes sont nombreux et reconnaître, par ailleurs, que la liberté ne peut pas être un objet de connaissance car, par définition, elle est précisément un non-objet, ne dispense pas de la *penser*, d'abord comme *idée*. Sur le chemin de Kant, partiellement… Ainsi n'est-il pas sans *sens*, au moins, d'entreprendre un questionnement sur la liberté et la moralité en termes *hypothétiques* : *si* des actions libres étaient possibles (et donc, aussi, de véritables *intentions*) et que, partant, la distinction entre un bien et un mal, ainsi que la moralité, n'étaient plus à exclure de la considération ni à réduire nécessairement, dans leur définition, à des effets de causes, comment conviendrait-il de *comprendre le mal* ?

« Mais pourquoi une telle insistance par rapport à ce projet de compréhension ? », pourra-t-on objecter ici ! Par difficulté à abandonner trop vite la question de la morale ? Par pincement au cœur de la voir ainsi disparaître dans le flot des discours déterministes ? Au nom de quoi ce pincement au cœur ? Du *fait* de quoi, plutôt ? D'un fort conditionnement qui lie, dans le sentiment et dans la conscience, malaise et outrage à la morale ? Peut-être. Commençons avec cela. Après tout, si ce projet de comprendre le mal a pour commencement, du point de vue *généalogique*, un tel conditionnement, il n'en est pas pour autant, dans la perspective hypothétique qui est la nôtre, invalidé. Sans compter que la pensée, sur ce chemin, peut rencontrer des surprises !

PARTIE I

Considérations fondamentales sur la question du mal

Le malheur et le mal

« (...) l'esprit guerrier n'est pas autre chose que
l'idée même que nous ne pouvons rien
pour éviter une guerre ».
(Alain, Les Passions et la sagesse)[18]

Lorsque l'homme se lamente sur son sort dans l'univers, il a tendance à inclure, dans la liste des maux, aussi bien ce qui relève du *malheur* que ce qui relève du *mal.* Sont ainsi évoqués sans discernement : les tremblements de terre, les guerres, les maladies, les trahisons, les famines, les injustices sociales... Quel monde ! Or une telle confusion revient à assimiler deux dimensions bien distinctes tant quant à leurs sources qu'à leurs implications et, partant, quant à leur sens. Il ne convient d'appeler *malheur* que ce qui est inévitable en tant que relevant *exclusivement* du déterminisme de la nature, que ce déterminisme soit d'ordre astronomique ou bien physique, chimique, biologique ou même sociologique ou psychologique. Exclusivement ? En effet, il faut que, aussi loin que l'on puisse remonter dans l'enchaînement nécessaire des causes et des effets ayant entraîné le désastre, on ne *rencontre* jamais une cause déclenchante relevant d'une décision humaine (donc, en vérité, une « raison »). Plus encore : dans l'absolu, une telle cause ne doit pas *exister* car il peut bien y avoir une apparence de pur malheur alors qu'on a affaire en vérité à du mal si, au-delà des causes jusqu'auxquelles on a réussi à remonter, se trouve, quoique restée inaperçue, une décision humaine (ou une non-décision par négligence ou par lâcheté, qui a été décisive).

Assurément, l'on peut donc toujours se tromper : ne voir que du malheur là où il y a aussi du mal, comme, inversement, voir du mal là où il n'y a que du malheur. Les deux erreurs se valent-elles ? Dans le premier cas, certes le ou les coupables

[18] Bibliothèque de la Pléiade, Gallimard, Paris, 1960, p. 703, propos *Des Méchants*.

seront ignorés comme tels et rien ne dit qu'impunis ils ne seront pas d'autant plus tentés de recommencer : cette ignorance risque de se révéler un malheur car en partie à la source d'un mal prochain ; mais dans le second cas, un ou des innocents seront injustement punis. Dans le premier cas il y a erreur par manque, dans le second par excès. Mais se pose tout de même la question de savoir si, dans ces cas, on a toujours affaire véritablement à des *erreurs* et jamais à des *fautes*. On ne s'en sortira pas à si bon compte, encore, ici : il y a des erreurs qui sont un mal, donc une faute, et d'autres qui sont un malheur : celui qui se trompe parce qu'il n'a pas fait tout ce qu'il pouvait (et donc devait) faire pour savoir est coupable, tantôt de n'avoir pas fait justice, avec toutes les conséquences défavorables que cela peut avoir (entre autres, de ne pas permettre aux coupables de se racheter), tantôt d'avoir condamné injustement ; tandis que celui qui se trompe alors qu'il a fait tout ce qui était en son pouvoir pour savoir et qui, en toute bonne foi, ignorant ce qu'il ne sait pas, en a conclu l'absence de toute responsabilité humaine ou, au contraire, la culpabilité de tel ou tel pourtant innocent, sera, étant convaincu de savoir, à la source simplement d'une erreur.

Ainsi, pas exemple, qu'un volcan entre en éruption, cela est une *chose* (au sens fort du terme). Et qu'en meure, ensevelie sous la lave brûlante, une grande partie de la population qui se trouvait alentour, cela est aussi une *chose* : entendons quelque chose qui relève de l'enchaînement nécessaire de causes naturelles. Pourtant se pose la question de savoir si, tandis que l'éruption du volcan était inévitable, la présence maintenue d'une population alentour à ce moment l'était tout autant. La prudence, éclairée par la science (géologie, vulcanologie, etc.) qui aurait fait savoir que ce volcan était toujours vivace, n'aurait-elle pas dû conduire à ne point installer un village au pied de ce volcan ? Ou, si ce dernier était déjà là avant que la science ne vînt faire savoir la vivacité maintenue du volcan, à en évacuer les habitants pour les installer ailleurs ? Ou à surveiller le cratère de plus près pour se rendre à même d'anticiper l'éruption prochaine ? Etc. Bref, si, à un seul moment, dans la série des causes, un choix (forcément humain) aurait pu être décisif, non pas pour éviter l'éruption du volcan puisque ce phénomène n'est pas évitable, mais la mort des habitants du village, alors commence à se poser véritablement, au-delà du *fait* du malheur, la question du *mal*.

Il convient donc de n'appeler *mal* que ce qui, évitable, n'a pas été évité ou, pis, qui a été provoqué. Mais il est clair, déjà, qu'il n'est pas aisé de savoir quand on a véritablement affaire à un mal plutôt qu'à un malheur. Dans l'absolu, nul autre que soi n'est mieux placé pour savoir s'il fait mal ; c'est cette « place » inaliénable que l'on appelle la *conscience morale*. Et encore cette conscience n'est-elle pas si fiable en tant qu'il existe certains troubles psychologiques, somme toute assez fréquents (qui ne sont même pas de l'ordre de la psychose), qui font que certains se sentent toujours coupables, même quand ils ne le sont pas. Toutefois, la conscience morale ne se comprend pas en simple terme de psychisme.

Assurément, *tout* ce qui était évitable et qui n'a pas été évité, voire qui a été provoqué, ne constitue pas un mal. Car, par exemple, le bien relève également de décisions humaines. Il importe donc de déterminer ce qui, parmi ce qui était évitable mais n'a pas été évité, voire qui a été provoqué, est véritablement un mal.

Dès lors qu'au moins un Dieu est introduit dans le monde (ou au-delà du monde mais non indifférent au monde), un Dieu créateur du monde, du tout au tout ou simplement démiurge, en vérité il n'y a plus de malheur mais que du mal... Dieu, en tant que *sujet*, à la source de ce que nous avons antérieurement appelé le malheur et qui, du coup, n'en est plus un et se révèle un mal ? Dieu responsable de laisser l'homme faire le mal ? Voire de l'avoir créé seulement *capable* de le faire ? En tout cas, s'il a offert à l'homme le cadeau (?) de la liberté, n'aurait-il pas suffi qu'il pût sonder les intentions humaines sans jamais laisser l'homme aller jusqu'au bout de ses intentions mauvaises ? Tuer l'innocent ou même le rival, violer la jeune fille, maltraiter l'enfant, torturer... ? Mais comment Dieu peut-il avoir voulu ce cataclysme qui a emporté tant d'innocents ? Comment a-t-il pu laisser des hommes provoquer de tels carnages ? Dieu simplement responsable ou Dieu coupable ?

Coupable ! Idée insupportable, assurément, pour les croyants, mais d'abord contradictoire avec l'idée de Dieu en tant que celle-ci renferme à la fois l'omniscience (niveau théorique), l'omnipotence (niveau pragmatique) et la bonté (niveau pratique). Alors Dieu simplement *responsable*, comme s'efforce de le démontrer toute théodicée (classique[19]), car telle est bien la différence déterminante entre la simple *responsabilité* et la *culpabilité* : l'on est responsable quand on n'y est pas pour rien dans un malheur mais qu'on ne l'a pas voulu en tant que tel, tandis qu'on est coupable quand on a *voulu* un mal ou quand on n'a rien fait pour l'éviter alors qu'on aurait pu, donc dû, faire quelque chose pour cela. La responsabilité, en distinction d'avec la culpabilité, supporte ainsi d'être définie comme le fait, pour un sujet, d'ajouter, ni par décision (d'action ou de non-action : laisser faire) ni, au contraire, par négligence de décision et négligence d'action s'en suivant, du *malheur* dans le monde. Ainsi l'enfant est-il seulement responsable de la blessure de son frère assis à côté de lui, sur lequel s'est renversé son bol de lait bouillant, insupportable pour ses propres mains, et qu'il a lâché en conséquence. Un malheur.

C'est ainsi que toute théodicée se soucie, surtout pas de laver Dieu de toute responsabilité, car ce serait priver Dieu de sa toute-puissance, mais de toute culpabilité : par d'habiles raisonnements il faut ainsi justifier que Dieu ne veut ni le malheur ni le mal et qu'il a la puissance de faire qu'ils ne soient pas et en conséquence, ce qui est, même s'il *apparaît* comme malheur ou mal aux yeux de l'homme, n'est ni malheur ni mal en vérité. La théodicée du philosophe Leibniz est à ce titre exemplaire et elle vaut la peine d'être lue en tant que telle[20].

Mais le mal dont l'homme se rend coupable étant difficilement niable, même par le croyant, par d'habiles raisonnements, encore, il devient l'affaire exclusive du *sujet* humain : si mal il y a, l'homme seul est coupable, Dieu ne le voulant pas ; à moins qu'un diable n'ait été introduit dans le

---

[19] « Classique », pour ne pas inclure la théodicée par exemple de Jonas, qui libère Dieu de la toute-puissance.

[20] Par exemple, d'abord relativement aisé : *Sur l'origine radicale des choses* (1697) ou *La cause de Dieu défendue par sa justice* (1710).

système, un diable qui, comme le dit très justement Jankélévitch, « a bon dos »[21] ; et c'est tout dire.

La théologie est ainsi toujours très leste à désigner des coupables et à les punir, même là où il n'y a que du malheur, sans doute pour se préserver toujours d'avoir quelque colère en direction de Dieu. Ainsi il y a un coupable s'il y a la peste à Thèbes : coupable de la peste car coupable d'un mal mettant un Dieu légitimement en colère ; il faut donc trouver ce coupable et le punir ; alors cessera la peste car la colère légitime du Dieu. Les variantes sont innombrables. Comment un Dieu peut-il se mettre en colère ? N'est-il pas nécessairement charitable ? Qu'à cela ne tienne. Ce n'est pas la colère qui l'a guidé mais l'exigence de justice. Ou bien ce malheur doit aider l'homme à devenir meilleur. Ou bien le monde est ainsi fait par Dieu que l'homme récolte ce qu'il sème et qu'il ne tient qu'à lui, en tant qu'être libre (le cadeau !), de semer le meilleur pour récolter de même. Etc.

Stoppons là. Nous avons volontairement écarté Dieu, son idée, de la question du mal. D'une part pour maintenir le sens d'une distinction entre le malheur et le mal, d'autre part pour éviter l'inflation (que le philosophe A. Comte qualifierait volontiers de théologico-métaphysique [22]) du mal dans le monde. Reste donc l'homme, le malheur et le mal.

A tout ce qui vient d'être soutenu, ne pourrait-on pas objecter maintenant que les faits que l'homme est capable de faire le mal et qu'il le fait sont un malheur ? Ce que cela sous-entend, c'est en vérité qu'il n'y a pas de culpabilité mais, a maxima, simplement de la responsabilité. L'homme se trouverait en effet, d'abord *porté par sa nature* à faire le mal, ensuite simplement responsable, en faisant le mal, d'ajouter du malheur dans le monde. Mais une telle formulation ne tient pas en tant qu'elle recèle une contradiction : si le mal est bien ce qui est évitable alors que le « pur » malheur ne l'est pas, il n'y a pas de sens à penser le mal comme un malheur. S'il est dans la *nature*

---

[21] *L'Innocence et la Méchanceté*, p. 106.

[22] Sur la loi des trois états, distinguant l'étape dite théologique et l'étape dite métaphysique de l'esprit, avant l'étape positive ou scientifique (étape de la maturité de l'esprit), voir par exemple *les Cours de Philosophie positive*, 2.

de l'homme de faire le mal, c'est qu'il n'y a pas de mal en vérité mais *que* du malheur. Nous avons évoqué, tout à l'heure, parmi les lois de la nature, à côté des astronomiques, des physiques, des chimiques et des biologiques, les sociologiques et les psychologiques. Les lois sociologiques et les lois psychologiques, en tant que *lois*, doivent bien évidemment être comprises comme décrivant des déterminismes *naturels*. Alors assurément, partout où la sociologie et la psychologie se prononcent sur leur objet respectif, elles ne font pas entrer en jeu la liberté humaine. A moins qu'elles ne se prononcent sur leurs propres limites en avançant que, à partir de tel ou tel moment, elles ne peuvent précisément plus se prononcer sur leur objet car intervient l'imprévisible fondamental de la liberté humaine. Il ne serait d'ailleurs pas superflu de se demander s'il existe quelque fait spécifiquement humain que ce soit où la liberté n'intervient pas du tout ! Cette autolimitation, difficile et rare du fait de la frénésie à connaître, à rendre compte, classer, étiqueter, expliquer…, n'entre pas en jeu dans les réponses probabilitaires des sciences de l'homme : dire, par exemple, que la majorité (on peut même, études statistiques à l'appui, donner des pourcentages précis) des enfants battus deviendront des parents qui battront leurs enfants, ce n'est pas sous-entendre, du point de vue de ces sciences, que la liberté de chacun est à la base des différences d'attitudes (les parents qui répètent et ceux qui ne répètent pas), mais c'est sous-entendre que d'autres causes que le fait d'avoir été battu dans son enfance peuvent intervenir, qui orientent les existences dans d'autres directions que celle de la répétition.

Ainsi apparaît-il que si, dans un monde théologiquement compris, tout devient mal du côté de l'homme (il n'y a plus de malheur à proprement parler), dans un monde scientiste, tout devient malheur (il n'y a plus de place pour le mal à proprement parler). De sorte que maintenir la distinction entre le malheur et le mal, c'est refuser de lire le monde tant théologiquement que de manière scientiste. La science traite l'homme comme un objet. C'est la philosophie qui le sauve de la pente du réductionnisme pour le reconnaître comme *sujet* ; et d'abord comme le sujet de la science ! Autant dire que la question du mal, lourdement théologique, n'est pas scientifique, mais hautement *philosophique*. Ce qui est une autre façon de dire que le mal est à *comprendre*.

Entre le malheur et le mal : la norme et le devoir

« Vouloir est un acte personnel comme mourir ou aimer :
c'est quelque chose qu'on fait soi-même et seul,
et pour son propre compte ».
(Jankélévitch, L'Innocence et la méchanceté[23]*)*

Le problème de la plupart des questionnements sur le mal, c'est qu'ils « savent » déjà ce qu'est le mal à partir de la considération d'une morale particulière. Or n'est-ce pas l'inverse qui devrait s'opérer si l'on exige d'aller aux fondements : en fonction de ce qu'est le mal devraient se dessiner les contours de la morale, se dégager ses principes incontournables ? Dans un sens comme dans l'autre, à vrai dire, se pose le même problème de l'arbitraire des définitions, en tout cas de leur diversité, laquelle est révélatrice de leur relativité : diversité dans le temps, diversité dans l'espace, diversité des points de vue…

Assurément, toutes les tentatives *sérieuses* de définition et de fondement se sont souciées de définir des critères *universels* et puis de définir *à partir* de ces critères universels. Ces tentatives ne peuvent avoir relevé que de la recherche scientifique (en quête de vérités) et de la réflexion philosophique, laquelle peut être pour une part définie précisément comme l'inlassable effort de dépasser les simples opinions et idéologies. Qu'est-ce qu'un homme ? Qu'est-ce qui empêche celui-ci de s'accomplir comme tel ? Qu'est-ce qui, au contraire, lui permet de s'affirmer comme tel ? Etc.

Finalement, la question du mal serait assez simple si la science pouvait y répondre, car si elle pouvait y répondre, cela signifierait en vérité que la question du mal à proprement parler ne se poserait pas mais, encore une fois, simplement celle du malheur. En ces termes : qu'est-ce qui *fait du mal* aux hommes ? Pis, en tant qu'ils sont des êtres conscients qui

[23] p. 342.

« participent » à leur douleur : qu'est-ce qui les fait *souffrir* ? Ce qui fait du mal aux hommes, ce qui les fait souffrir pourrait parfaitement se déduire de l'observation de ce qui fait malheur pour eux. L'homme souffre lorsqu'il voit sa maison détruite ? Détruire le bien d'autrui est donc un mal. Il souffre de perdre un objet qui est sien ? Voler le bien d'autrui est donc aussi un mal. Il souffre de perdre un être cher ? Tuer... un être qui compte pour quelqu'un est donc un mal. Mais celui qui n'a personne au monde pour l'aimer et le regretter, en tant qu'il ne souffrira pas lui-même d'être mort, cela ne sera-t-il pas un mal de le tuer ? L'homme souffre d'avoir été trahi ? Qu'à cela ne tienne : trompons, abusons, trahissons... mais en prenant garde à ce que le trompé, l'abusé, le trahi jamais ne s'en rende compte ! Alors il n'y aura là aucun mal ? On voit bien vite les limites de cette déduction de la définition du mal de la connaissance de ce qui fait mal à l'homme et le fait souffrir. Lorsque la Thora dit : « Tu ne maudiras pas un sourd »[24], elle pointe que l'on peut faire le mal sans faire mal. Les serments, les promesses..., actes éminemment humains, perdraient tout leur sens si justement les trahir « en douce » n'était pas un mal.

Ainsi le mal n'est-il pas que le *mauvais* dans le sens du désagrément, comme le bien n'est pas que le bon dans le sens de l'agréable. La psychologie, au-delà de la biologie qui explique certains mécanismes du corps, décrit très bien ce qui fait souffrir les hommes. Elle explique même pourquoi certains peuvent éprouver du plaisir, une satisfaction, là où d'autres souffrent ; et inversement. Et même pourquoi parfois nous pouvons croire souffrir pour nous sentir souffrants, alors qu'en vérité (inconsciemment, cela s'entend) nous éprouvons du plaisir ! Bref, la psychologie a de beaux jours devant elle. Et on ne peut nier que la psychiatrie, sur son terrain, sait, par ses substances et, au mieux, son écoute bienveillante des souffrants, soulager de bien des maux.

Si la science ne peut pas s'occuper sérieusement de la question du mal et fournir des critères universels pour définir le mal, c'est parce qu'elle en reste aux *faits* (qu'elle observe, met à

[24] Dans *Vayikra*, 24 ème *parasha*.

l'épreuve de l'expérimentation, mesure, classe…). Et c'est ainsi qu'elle réussit à être ce qu'elle est, se distinguant de toutes sortes de discours peu rigoureux où l'imagination la plus fantaisiste est maîtresse. Lorsqu'elle parle de l'homme, la science énonce ce qui fait partie du concept d'homme qu'elle a elle-même contribué à définir : concept *clos* et *définitif* par principe dans son propre champ. En somme, elle parle des hommes comme elle parle des animaux, c'est-à-dire d'êtres déterminés selon des relations constantes entre tels et tels phénomènes. Et encore, mais à la condition de ne pas glisser à la sociobiologie ou à la psychobiologie, deux démarches assurément réductrices et suspectes en ce sens, elle sait être prudente en ouvrant parfois son discours sur les possibles : tel phénomène peut engendrer tel autre ou tel autre… Nous avons déjà dit, à juste titre, que les sciences humaines sont probabilistes, tenant compte, du coup, de la complexité de fait de leur objet.

Ainsi les sciences de l'homme parlent-elles bien de l'homme comme la biologie parle du vivant et, en particulier, la zoologie des espèces animales particulières qui peuplent la terre. Qu'est-ce qui fait un chimpanzé ? Le zoologue pourra proposer une très riche définition, d'autant plus riche que les études zoologiques auront été poussées. Mais ce qui viendra tout juste d'être découvert du chimpanzé caractérisait déjà hier le chimpanzé. Et ainsi en va-t-il pour l'homme : on en découvre toujours plus sur l'homme, notamment avec les nouveaux moyens d'investigation du cerveau.

Or il n'en est pas ainsi avec le concept d'humanité tel que la philosophie le propose. La philosophie laisse ce concept *ouvert* car elle tient compte du fait que l'homme ne peut-être réduit, pour être défini, ni à ce qu'il fait et a fait, ni à ce qu'il montre et a montré de lui-même. En effet, nul homme, nulle génération humaine ne reproduit, comme c'est le cas de n'importe quel chimpanzé, les potentialités de l'espèce : chaque homme, chaque génération contribuent à *inventer* l'homme. De manière imprévisible. L'homme est ainsi un être d'*histoire*. Mais l'histoire n'est pas encore la philosophie. Que celle-là se revendique comme science, cela convient depuis la fin du XIXe siècle, du fait, essentiellement, de la rigueur méthodologique de sa démarche orientée vers la découverte de la *vérité* du passé. Mais il faut bien admettre que son objet est incomparable à tous les autres objets de la science : outre qu'il est absent (passé) et qu'il n'en reste que des traces et que, du fait de sa complexité propre, il n'est pas reproductible en laboratoire, chaque fait qui le constitue est absolument *unique*. Aussi certains philosophes, tel Schopenhauer [25], rechignent-ils à reconnaître l'histoire comme une science, la définissant simplement comme une *connaissance*.

Mais l'histoire elle-même sent bien qu'elle est à l'étroit dans ses propres limites légitimes : tout historien rencontre, à un moment ou à un autre, en tout cas lorsqu'il tente, au-delà de la question de la vérité, de convoquer celle du *sens* des actions humaines, la nécessité d'appeler la philosophie à la rescousse. Nous ne pouvons que partiellement *connaître* l'homme, non pas du fait de limites qui seraient celles de nos facultés, mais du fait que, fondamentalement et spécifiquement, l'homme n'est pas un objet mais un *sujet*, et d'abord celui de la science même, que celle-ci étudie la nature ou l'homme en particulier. On peut aller jusqu'à dire que l'homme commence là où il se fait *sujet*, le reste n'étant que corps et animalité. Or, précisément, le sujet n'est pas connaissable : il est *compréhensible*. Façon de dire que là où l'historien trouve des *faits* (ce que l'homme a fait), le philosophe cherche des *actions* (ce que l'homme a *voulu* faire).

Ouvrir la question de la *vérité* de l'homme sur celle du *sens* de ses actions, c'est précisément ouvrir aussi son concept. Nous avons déjà dit que ce concept restait ouvert du fait que l'homme ne cesse de s'inventer par les choix de directions qu'il prend et qui font son histoire. Mais encore parlerions-nous ici de concept d'homme *ouvert* en tant que concept *descriptif* que cela ne conviendrait pas car cela ne suffirait pas. Le concept d'humanité est fondamentalement, non pas descriptif, mais

---

[25] « L'histoire est une connaissance, sans être une science, car nulle part elle ne connaît le particulier par le moyen de l'universel, mais elle doit saisir immédiatement le fait individuel, et pour ainsi dire, elle est condamnée à ramper sur le terrain de l'expérience » (*Le Monde comme volonté et comme représentation*, traduction de A. Burdeau, P.U.F, Paris, 1966, p. 1179).

normatif, ce que révèle le fait que l'homme introduit, dans sa propre définition reposant *d'abord* (mais pas fondamentalement) sur la *description* de son histoire, un élément apparemment contradictoire : celui de sa possible *inhumanité*. Tandis que l'animalité ne peut se révéler in-animale en tant qu'elle ne développe que ce qu'elle *peut* développer (un animal fait tout ce qu'il peut faire, si besoin), l'humanité, par contre, s'impose à elle-même de ne pas faire tout ce qu'elle peut et de faire certaines choses qu'elle ne ferait pas spontanément. Interdits et devoirs. Et si elle fait précisément ce qu'elle s'est interdit de faire ou ne fait pas ce qu'elle s'est commandé de faire, alors elle ne se reconnaît plus. C'est cela même qui introduit proprement du sens dans l'existence humaine : l'humanité ne va pas simplement où la nature la mène, elle *agit* conformément à des buts qu'elle se fixe elle-même, mais surtout, parmi tous les buts possibles, elle opère un tri ; elle *juge* (moralement) : il est, pour elle, des buts qu'elle s'interdit de viser au risque de ne plus se reconnaître comme elle se veut et d'autres qu'elle définit comme devant être visés car conformes à ce qu'elle attend d'elle.

Ainsi incombe-t-il entièrement à la philosophie, au risque de se faire édifiante, d'interroger le *devoir* dans son fondement, car dans la nature, même celle que l'on dira humaine, on ne trouve aucune norme mais que des *faits*, des faits dont la science sait déjà très bien s'occuper.

Soit, mais du coup, ne faut-il pas reconnaître que l'on est en pleine contradiction en distinguant ainsi, avec tant de fermeté car de manière si décisive, entre le *fait* et l'*action* d'abord, puis entre le *fait* et la *norme* ensuite, en prétendant par là même fonder l'idée que la question du mal, affaire éminemment philosophique, ne peut prendre sens que dans la perspective d'un concept d'humanité comme concept fondamentalement ouvert et normatif (ce qui est une autre façon de dire que le concept d'humanité ne peut se passer de l'idée de liberté), mais tout en présentant l'exigence normative comme un *fait* ? Un fait de la *nature* humaine ?

Il importe plus que jamais d'insister sur le fait qu'il convient de parler, ici, d'*exigence* ; du fait d'une *exigence,* si l'on veut :

exigence de l'homme adressée à l'homme de limiter le champ de ses actions (tout ce qui peut être fait ne doit pas nécessairement être fait) et de s'obliger à certaines, en référence à des normes, des valeurs définissant ce qui est moral de ce qui ne l'est pas, ce qui est dignement humain de ce qui mérite d'être qualifié d'inhumain. Il importe de ne pas confondre cette exigence morale avec n'importe quel contenu particulier de morale, toute morale particulière, en tant que telle, ayant pour fondement, pour condition de possibilité, cette exigence même d'interroger la valeur morale de ses buts, de ses intentions et de ses actions. Kant parlant de la loi morale, la présentait comme un fait *de* la raison et certainement pas comme un fait *dans* la raison ; il en parlait donc bien comme d'un *acte* (de la raison).

Ce qu'il importe donc également, au risque de se méprendre, c'est de regarder cette exigence qui s'est révélée dans l'histoire humaine comme un fait, précisément *comme ce qui n'est pas un fait* mais proprement une *action*, en ce sens que l'homme peut *vouloir* faire sienne cette exigence comme il peut tout autant se revendiquer *immoral* et, en conséquence, *vouloir* refuser de s'y conformer. Ce qui revient à dire que l'exigence morale se comprend comme ce qui définit l'homme comme être *libre*, comme un être, spécifiquement, qui ne se réduit pas à n'être qu'un vivant, qu'un animal. On peut ainsi définir cette exigence comme inauguratrice de l'humanité morale (celle qui se surveille et peut se qualifier d'inhumaine) au sein de la nature : elle ne fait pas l'homme moral mais l'homme moral *se* fait par elle (et ne cesse, en tant qu'*humain*, de se refaire par elle). Nous lui reconnaissons un peu la place, mais avec une tout autre portée car une portée morale, que l'ethnologue Lévi-Strauss accorde à l'interdit de l'inceste, interdit articulant ou faisant pont entre la nature et la culture[26].

Définir la culture comme la *nature* propre de l'homme empêche de comprendre l'homme (dans sa spécificité) : la culture est fondamentalement *contre* la nature, proprement

[26] « La prohibition de l'inceste n'est ni purement d'origine culturelle, ni purement d'origine naturelle. (…) Elle constitue la démarche fondamentale grâce à laquelle, par laquelle mais surtout en laquelle s'accomplit le passage de la nature à la culture ». Etc. *Les Structures élémentaires de la parenté*, Edition Mouton, Paris, 1967, p. 28.

négation de la nature. Hegel, parlant de l'esprit, dit que sa « venue au jour » est la mort de la nature[27] ; mais il ajoute que la nature est en même temps conservée, de la même façon, bien évidemment, que la culture ne survit pas au-delà de la nature mais en son sein. Comment comprendre cela ? En ces termes : la nature n'est pas *fondement* de ce qui fait l'homme ; elle n'en est que la condition *matérielle*. S'acharner à vouloir comprendre la culture comme un *fait de nature*, c'est se condamner à ne pas la comprendre. Et cela n'est pas sans conséquences pratiques que nous nous sommes rendus à même, désormais, d'entrevoir.

En effet, nous avons parlé d'*immoralité*, tout à l'heure, relativement à l'homme qui refuse de faire sienne l'exigence morale, et non pas d'*amoralité*. C'est que l'amoralité n'existe pas chez l'homme mais que chez l'animal. Parler d'un homme amoral est une contradiction dans les termes : celui qui se détourne volontairement de l'exigence morale n'est pas un animal mais un *barbare* car c'est en tant qu'être libre qu'il s'en détourne : il *choisit* de s'en détourner. Il s'agit bien d'un *refus* et non d'une incapacité, un refus qui fait de celui qui en est l'auteur un *in-humain* par excellence. Plus radicalement encore que celui qui fait le mal en transgressant des interdits *particuliers* (reconnus comme moralement fondés) ou qui ne fait pas ses devoirs *définis* (reconnus aussi comme moralement fondés) ? La question est cruciale. Il faut s'y arrêter.

---

[27] *La Science de la Logique*, traduction B. Bourgeois, Vrin, Paris, 1970, § 222, p. 453.

La morale comme exigence, et ses contenus particuliers

« La liberté ne va pas sans l'ordre ;
l'ordre ne vaut rien sans la liberté ».
(Alain, Propos sur les Pouvoirs[28])

Nécessité (ou déterminisme), malheur, faits, amoralité, animalité, nature… d'un côté, liberté, mal, actions, exigence morale et normes, immoralité, humanité *et* inhumanité… de l'autre. Mais aussi, respectivement, science et philosophie, connaissance et compréhension.

Il s'agit là, disons-le tout de suite, d'un rangement terminologique relevant d'une analyse réductrice sur laquelle il faudra impérativement revenir car, comme le dit si bien Comte, si l' « on voit souvent des corps sans âme »[29], par contre « on ne voit aucune âme sans corps »[30]. Façon de dire, concernant l'homme, que s'il s'affirme effectivement, dans sa spécificité, « contre » la nature, il n'en demeure pas moins lié à elle en tant que vivant ; et ça n'est pas peu de chose. Mais cette analyse, légitimée par le développement antérieur, conduit au moins à pointer le caractère vain du questionnement visant à savoir si c'est la définition du mal qui doit être première par rapport à la détermination de la morale ou la détermination de la morale qui doit définir le mal ; il apparaît en effet clairement, désormais, qu'aucun ne peut précéder l'autre dans le projet de les définir, car l'un et l'autre s'entre-définissent. Ainsi comprenons-nous que le mal *absolu* est le *refus de la morale* ; comme exigence, d'abord. Le refus de faire sienne l'exigence morale par laquelle l'humanité affirme au plus haut point son humanité (celle qui se surveille et se juge parfois inhumaine). Par extension, le mal absolu est donc le refus de la reconnaissance de l'homme (l'autre tout autant que soi-même) comme humain (Kant dirait

[28] Gallimard, Paris, 1985, p. 162.
[29] *Système de politique positive*, unique édition, Paris, 1890, tome premier, p. 587.
[30] *Ibidem*.

ici : comme « fin »[31]) et, conséquemment, comme être libre. En d'autres termes, l'exigence morale, source de valeurs, définit celui qui l'abrite comme la suprême valeur. Aussi le débat sur la liberté de l'homme n'a-t-il finalement pas de sens théorique mais, par contre, un sens éminemment *pratique* qui se passe de toute preuve. La foi humaine devrait être là toute entière.

Dire que le mal est fondamentalement le refus de la morale, c'est se situer encore en deçà de tout contenu et énoncer un *principe.* Au moins savons-nous enfin, non plus d'où nous partons *généalogiquement,* mais d'où il nous faut partir *fondamentalement.* C'est d'une certaine façon en distinguant l'exigence morale, fondement de l'humanité, de tout contenu particulier de morale, que Pascal pouvait dire : « La vraie morale se moque de la morale »[32].

Toutefois, cela est incontournable que l'exigence morale se définisse des *contenus.* C'est que si l'*exigence* morale reste irréductiblement l'affaire de chaque conscience individuelle, les *contenus* de la morale, par contre, se définissent au cours de l'histoire, au niveau de ce que Hegel, pour n'exclure rien de ce qui est humain et qui participe à la « vie éthique », appelle l'esprit du temps, concrétisé dans l'Etat (les mœurs, les institutions, mais aussi les créations artistiques, les représentations religieuses, les pensées philosophiques...)[33]. Le philosophe Comte utilise une terminologie intéressante pour distinguer les deux grands niveaux déterminants qui font une Cité : le *temporel* (le pouvoir en place à un moment donné et dans un lieu donné, assurant l'ordre) et le *spirituel* (les consciences libres qui donnent à cet ordre comme son « âme »)[34]. Aristote, quant à lui, définissait à juste titre la Cité comme le lieu où l'on discute des valeurs[35]. Mais à un moment, il faut bien trancher. Trancher, certes, mais précisément pas à la légère : par le débat qui jamais ne doit faire abstraction des

---

[31] Par exemple dans *Fondements de la Métaphysique des Mœurs.*

[32] *Pensées,* 4.

[33] Voir l'*Encyclopédie des Sciences philosophiques, Philosophie de l'Esprit.*

[34] Voir notamment *Le Système de politique positive.*

[35] *Politiques.*

institutions, coutumes… que des générations d'hommes ont travaillé à forger.

Dans un Etat démocratique (« le moins pire » des régimes politiques ?), tous les citoyens sont des acteurs. Alain va jusqu'à appeler l'opinion publique : le « contrôleur »[36] ! Le débat dans la Cité est donc l'affaire de tous. Mais bien en tant que citoyens et non pas en tant que consciences individuelles isolées, à savoir celles de la morale conçue *abstraitement*. Ces consciences, aussi touchantes puissent-elles apparaître au sentiment, ne sont pas à même, à elles seules, de donner des contenus moraux valables à l'exigence morale qui les définit. Mais cette situation d'isolement, de fait, elles ne le connaissent jamais, car nul homme ne vit seul, en dehors de toute société. Ces hommes-là qui ne connaissent que la nature, la science et la philosophie les connaissent : ce sont des enfants sauvages ; autant dire des animaux ? Toute œuvre humaine est collective. La morale n'est pas l'exception. Il serait bien naïf de croire, par exemple, que le scientifique cherche et trouve seul, que le philosophe pense seul, etc. Derrière chaque scientifique, chaque philosophe, etc., il y a tous les autres hommes : du passé, du présent et même du futur, étant entendu que ce que nous bâtissons aujourd'hui et avons repris du passé sera repris aussi par nos descendants et prolongé.

Ainsi Hegel dit-il, en ses termes, que la moralité trouve sa vérité dans la « vie éthique »[37] ; entendons, en dernière instance, dans l'Etat (vrai). Dire cela ne veut surtout pas dire, dans l'idée du philosophe, que la moralité n'a pas de rôle à jouer ! Mais c'est dire à juste titre que la morale seule est fragile et facilement errante. Mais il faut ajouter que l'Etat sans la moralité vive de chaque conscience individuelle glisse nécessairement vers le totalitarisme. Ainsi la moralité tenue par la vie éthique devient-elle véritablement efficiente, de la même façon que, en contrepartie, la vie éthique qui englobe la moralité sans la nier maintient sa vivacité par la vivacité même de la conscience morale qui est fondamentalement exigeante parce qu'exigence. Dans un même ordre d'idées, le philosophe

---

[36] *Propos sur les Pouvoirs*, p. 214.

[37] Par exemple dans *Principes de la Philosophie du droit*.

Bergson distingue entre la moralité *statique* et la moralité *dynamique*, expliquant très bien ce que l'une apporte à l'autre[38]. Ainsi les valeurs, les normes que la vie éthique préserve et inscrit parfois dans ses institutions se trouvent-elles toujours sous la surveillance vigilante de la moralité, laquelle ne donne son accord qu'à ce qu'elle a examiné et jugé valable.

Mais encore faut-il que quelque chose ait été présenté à cette dernière, auquel elle peut donner ou pas son accord ; et c'est précisément la vie éthique qui le lui a présenté. Dans un Etat où la moralité se prononce *massivement* contre certains éléments qui tentent de s'insinuer dans les institutions, ces éléments ne peuvent tenir sur la durée. D'où il faut conclure que là où ces éléments se sont avec succès intégrés dans les institutions, les consciences morales individuelles qui n'ont pas manifesté une réprobation en sont responsables, voire coupables dans certains cas. L'histoire ne manque pas d'exemples désolants. Ce sont bien toujours des consciences individuelles, aussi nombreuses soient-elles, qui sont coupables et, jamais, indistinctement, un peuple entier. K. Jaspers insiste sur ce point : « Moralement, c'est seulement l'individu qui peut-être jugé, jamais une collectivité » [39] , car juger une collectivité coupable, c'est toujours se laisser aller à des généralisations qui nourrissent l'exclusion.

« Et s'il n'en reste qu'un je serai celui-là »[40] est une admirable déclaration par laquelle se trouve exprimée la conscience morale individuelle qui ne renonce pas à ses exigences sous couvert que sa résistance ne servirait à rien en tant que solitaire.

Ainsi, exigence morale d'un côté, contenus particuliers de l'autre, mais dans une interaction permanente faisant unité. Alors pouvons-nous soutenir assurément, désormais, que si le mal absolu est le refus de l'exigence morale (et, comme nous l'avons déjà dit, de ce qui va avec : sa propre démission ou le refus de la reconnaissance de l'homme, soi tout autant que l'autre, comme humain et, conséquemment, comme être libre),

---

[38] *Les deux sources de la morale et de la religion.*

[39] *La Culpabilité allemande*, traduction J. Hersh, Editions de Minuit, Paris, 1948, p. 76.

[40] Victor Hugo, *Les Châtiments*, *Ultima verba.*

le mal est aussi la transgression des interdits moraux et l'indifférence aux devoirs définis, en tant que ces interdits et devoirs précis ont été examinés par les consciences morales ? Inversement, sommes-nous en mesure, en examinant les institutions, de déduire ce qui est mal ?

On pourra sans doute objecter, là, que les morales, normes, devoirs définis, mœurs, lois... sont si divers, dans l'histoire et dans les cultures, que tout cela est bien relatif pour définir le mal et son contraire ! Ici on maintient la peine de mort, là on l'abroge, ici on autorise l'euthanasie, ici on ne l'autorise pas... Si Lévi-Strauss a reconnu dans l'interdit de l'inceste l'interdit inaugurateur de l'humanité, l'interdit par lequel se sont proprement réalisées la sortie de l'animalité et l'entrée dans l'humanité, c'est parce qu'il lui a reconnu une double caractéristique qui, autrement, détermine distinctement les domaines séparés de la nature et de la culture : en effet, cet interdit est *universel* (c'est-à-dire qu'on le retrouve dans *toutes* les cultures) ; or Lévi-Strauss fait remarquer que l'universalité *immédiate* n'est le propre que des caractéristiques naturelles ; mais comme cet interdit n'est pas donné par la nature mais formulé par l'homme, il est *culturel*. Or, du côté du culturel, la *diversité* s'impose : les hommes n'ont pas tous les mêmes mœurs, ni les mêmes lois juridiques, voire pas intégralement les mêmes lois morales ; une diversité dans l'espace, mais aussi dans le temps : une même civilisation n'a pas toujours élu les mêmes lois comme *bonnes* lois.

Cela signifie-t-il qu'au-delà de l'interdit de l'inceste ou de ce que nous avons reconnu, nous, comme inaugurateur de l'humanité de l'homme, à savoir son exigence morale par laquelle les valeurs entrent dans le monde, il faut admettre la *relativité* des valeurs ? Serait juste, serait bien, ce que tel pays à tel moment a élu comme juste par ses lois juridiques et comme bien par ses lois morales ? Lévi-Strauss pointe que, en dépassant l'ethnocentrisme spontané, nous devenons à même de reconnaître la valeur des autres valeurs que celles qui sont les nôtres et auxquelles nous sommes habitués. Ainsi l'idée de l'unité de l'humanité est-elle (r)établie par la considération que chaque culture déploie une potentialité de l'humanité, de sorte que toutes les cultures réunies constituent précisément l'humanité déployée selon toutes ses potentialités, une seule forme culturelle ne pouvant les réaliser toutes. Telle serait la bonne raison de reconnaître à toute valeur autre que la sienne une valeur.

Mais est-ce bien suffisant ? L'excision doit-elle vraiment être regardée comme une coutume qui vaut n'importe quelle autre ? La légalité des tortures et mises à mort publiques que l'Europe occidentale, par exemple, a connues pendant plusieurs siècles sont-elles ni plus ni moins valables que la loi qui aujourd'hui les interdit dans les pays européens ? Etc. Il y a bien sûr quelque chose d'insatisfaisant, de réducteur, dans cette façon de voir les choses, qui, finalement, dévalorise toute valeur car les réduit toutes à de simples *faits* : le *fait* de telle valeur élue à un moment donné dans un lieu donné. Droits *positifs*, lois *positives*, normes *positives*, valeurs *positives*... Dès lors qu'un contenu de norme, de valeur est posé (et cela est incontournable), il devient un *fait* exposé à la diversité et à la variabilité : des normes de fait, *le fait* de telles normes. Normes précises qui définissent en même temps la marge qui est un « lieu » d'exclusion. Ce qui fonde nos jugements d'approbation de certaines valeurs et nos jugements de refus d'autres valeurs ne peut-il donc être aucun critère particulier, tout critère particulier devenant, en tant qu'il est posé, un critère de fait (potentiellement discriminant) ?

Quasiment toute la pensée philosophique dite classique (jusqu'à Kant) est une pensée du *droit naturel* qui, pour cesser dogmatiquement de chercher le fondement du côté des Dieux, a cherché ce critère, avec certes moult nuances, dans la nature, ce fameux réservoir d'universel ! Serait juste, serait bonne, toute loi, toute norme qui ne trahiraient pas les droits naturels de l'homme, c'est-à-dire les droits qui étaient aux hommes (ou qui auraient été aux hommes) avant toute entrée dans une quelconque société particulière : «...un état qui n'existe plus, qui n'a peut-être point existé et qui, probablement, n'existera jamais... »[41]. Chez Rousseau, l'idée de l'homme à l'état de

---

[41] *Discours sur l'Origine et les fondements de l'inégalité parmi les hommes*, Nathan, Paris, 1981, p. 40.

nature est une sorte de fiction méthodologique qui lui paraît nécessaire pour « avoir des notions justes pour bien juger de [l'] état présent »[42] ; expression du projet de trouver une norme sortant du champ des normes positives relatives. Impasse assurément. Et qui expose au risque du réductionnisme qui se tricote toujours autour de notions telles que la *nature* de l'homme.

Lorsque H. Kelsen[43] dit que la norme suprême, celle qui serait celle par laquelle nous pourrions juger de toutes les normes posées, ne peut-être que *supposée*, il fait précisément comprendre que le jugement de la raison ne peut jamais, en vérité ne *doit* jamais (il s'agit de ce que nous avons appelé l'exigence morale) croire *avoir enfin trouvé* ! Pas de vacance, pas de complaisance... pour l'exigence morale. « Etre sûre du progrès indéfini de ses maximes et de leur tendance constante à une marche en avant, c'est le point *le plus élevé* que puisse atteindre une raison pratique finie (...) »[44] ; tel sont les mots de Kant.

Ainsi pouvons-nous répondre à la question que nous avions laissée en suspens, à savoir : si le mal absolu consiste à refuser de considérer l'homme (l'autre tout autant que soi-même) comme un être libre animé par une exigence morale (dans notre perspective, cette association d'être libre et d'être animé par une exigence morale fait pléonasme), ce mal est-il plus radical que celui consistant à transgresser des interdits posés ou à ne pas faire son devoir (en tant que devoir défini) ? On comprend bien, désormais, que l'exigence morale ne peut se faire effective qu'en se donnant, dans des œuvres collectives, des contenus, *et* en jugeant ces contenus, sans relâche. Il est toujours inquiétant d'entendre dire de la part de ceux qui ont été reconnus comme des « Justes » qu'ils n'ont pas à être applaudis car ils n'ont fait que leur devoir. Les nazis et ceux qui les ont suivis avancent la même raison pour fonder leurs actions. Mais plus rarement

---

42 *Ibidem.*

43 *Théorie pure du Droit*, traduction C. Eisenmann, Dalloz, Paris, 1962, p. 254.

44 *Critique de la Raison pratique*, traduction F. Picavet, PUF, Paris, 1949, p. 33.

entend-on ce qui seul mérite véritablement un hommage, tant il faut du courage pour s'y atteler, à savoir, non pas « j'ai fait mon devoir », mais « j'ai fait ce que j'ai *estimé* être mon devoir », conformément ou pas à la loi.

Mais il faut soutenir que le mal est tout aussi absolu quand il consiste à empêcher ou même, simplement, à ne pas favoriser, pour la conscience morale d'autrui ou pour la sienne propre, son plein exercice, à savoir son exercice de vigile infatigable, outre de ses propres contenus, de ses propres choix et de ses propres actions individuels, des contenus collectifs (valeurs, normes, lois).

Tyrannie d'un côté, démission de l'autre. Empêcher l'exigence morale de s'exercer, ce n'est pas ne pas la reconnaître puisque c'est précisément l'empêcher. Mais c'est un crime (de l'autre homme ou de soi) car le non-exercice de la conscience morale, non seulement retire à l'homme son humanité, mais aussi contribue à la possibilité du « règne » de n'importe quel contenu de norme, de loi, d'interdit...

Autrement, il est certain qu'une conscience morale qui, ayant exigé d'elle-même un authentique examen, juge qu'elle *doit* ou, au contraire, qu'elle *ne doit pas* obéir à des lois, interdits, devoirs…, quand bien même ils ont été définis au sein de sa Cité, ne peut disposer d'aucun critère supérieur qui puisse valoir contre son estimation. Mais à la condition qu'elle ne soit pas passée outre ces deux critères *absolus* (qui, sur le fond, n'en font qu'un), à savoir la reconnaissance de l'humain dans tout homme comme conscience libre, et la préservation de la possibilité, en chacun, de l'exercice de son exigence morale intérieure. Désobéir à une loi qui permet ou protège simplement une telle reconnaissance et une telle préservation est assurément un mal. De même qu'obéir à une loi qui, inversement, empêche une telle reconnaissance et une telle préservation.

La lâcheté et la méchanceté

Dans chaque situation périlleuse,
il y a bien des moyens d'échapper à la mort,
si l'on ose dire et faire n'importe quoi.
(...) il est moins difficile d'échapper à la mort qu'à la méchanceté.
La méchanceté, en effet, court plus vite que la mort ».
(Platon, Apologie de Socrate[45]*)*

A l'aune des trois critères complémentaires que nous avons été jusqu'à qualifier d'*absolus*, à savoir, d'abord, la reconnaissance de l'exigence morale en l'homme et le devoir de l'exercice de son inlassable vigilance, ainsi que le devoir du maintien, voire de la mise en œuvre des conditions de possibilité, précisément, de l'exercice (par soi comme par tout autre) des premiers devoirs, on pourrait se prêter à l'exercice de repérer l'ensemble des maux ou, tout au moins, d'évaluer l'ensemble des attitudes humaines. Ce serait écrire une éthique.

Ainsi demandons-nous, par exemple, si la lâcheté est un mal. En tant qu'elle consiste à ne pas faire ce que l'on a jugé que l'on devait faire ou, *pis*, à ne pas prendre en considération (déni) ce que l'on a senti, plus ou moins confusément, que, sérieusement examiné, on arriverait à la conviction qu'il faudrait « faire » (intervenir, etc.) ou cesser de « faire », alors oui, la lâcheté est un mal. La brutalité, l'injure, la menace... en direction d'autrui sont également, sans ambiguïté, des maux, car elles exposent ceux qui en sont les cibles au risque de perdre les moyens de pouvoir exercer leur conscience morale, leur liberté, donc leur humanité : un homme mutilé de ses mains ne peut pas retenir l'enfant qui tombe, un homme auquel on demande de choisir entre la vie de sa fille ou la vie de son fils[46] ne peut guère dignement vouloir... Etc. En bref, tout ce qui engendre un

[45] Traduction L. Brisson, Flammarion, Paris, 1997, p. 122 (39a).
[46] *Le Choix de Sophie*, W. Styron.

malheur pour l'homme rend l'exercice de son exigence morale particulièrement fragile.

On le comprend bien désormais, tout ce qui signale un refus, et de reconnaissance générale, et d'exercice personnel de la conscience morale, ou bien une volonté de se rendre soi-même ou autrui incapables de l'exercer, sont un mal. La *lâcheté* est peut-être finalement le nom que l'on donne au mal quand il s'agit de tout acte consistant à tenter de se démettre *soi-même* de sa conscience morale, tandis que la *méchanceté* est celui que l'on donne au mal quand il s'agit de tout acte consistant à ne pas reconnaître la conscience morale d'*autrui* (sa liberté, son humanité) ou à l'empêcher de pouvoir l'exercer. Il y a de la lâcheté et de la méchanceté qui couvent chez ceux qui tentent d'assurer que la liberté n'est qu'une illusion ou que le mal est « nécessaire » : « (...) Peut-être nécessaire [seulement] par notre consentement inavouable à sa nécessité, par notre complaisance à le commettre, par notre empressement suspect et vraiment machiavélique à admettre des maux incurables et des guerres inévitables, des ennemis invincibles et des tentations irrésistibles »[47].

Concernant la lâcheté en particulier, lorsque nous l'avons évoquée, nous avons distingué deux cas de figures dont l'un, le second, a été introduit par un « pis ! » encore injustifié. C'est qu'il y a en effet des échelles dans la lâcheté. Celui qui reconnaît qu'il a atteint la conviction qu'il devait faire mais qui avoue (sans mentir, sans tricher... et lui seul le sait) par exemple sa peur à faire (parce que, par exemple, il encourt des risques pour sa propre vie) fait mal, mais moins que celui qui essaie de « noyer le poisson », sous une forme ou une autre. Mais cette échelle dans le mal qui est lâcheté n'a pas plus que deux barreaux : celui, le moins élevé, où l'on reconnaît que l'on fait mal parce qu'on ne réussit pas à aller jusqu'au bout de ses propres prises de conscience (et l'on souffre alors d'un sentiment, comme on dit, de culpabilité) et celui où l'on se garde bien de (se) l'avouer (de s'avouer que l'on ne veut pas

[47] Jankélévitch, *L'Innocence et la méchanceté*, p. 94.

vouloir) : mauvaise foi et complaisance à l'égard de soi-même. Le déni est ainsi le comble de la lâcheté, qui préserve d'avoir à vouloir.

Aucune passion n'est un mal en soi. C'est quand on se *laisse mener* par quelque passion que ce soit que le mal commence, car se laisser mener (par quoi que ce soit, du reste) est toujours une démission de sa propre conscience. Celui qui, par goût de la vitesse, se laisse aller à des excès de vitesse sur les chemins publics est coupable de mal, même s'il ne renverse personne, car s'il ne renverse personne, c'est simplement parce qu'il a la *chance* que personne ne se trouve sur son chemin. Contre la lâcheté, le héros est toujours celui qui, soit en dépit de causes externes (qui se trouvent là ou qui sont imposées : par exemple la faim, le froid…, ceux de la nature ou ceux du bourreau), soit en dépit de causes internes (notamment des passions), résiste à demeurer jusqu'au bout, quel qu'en soit le « prix », en conformité avec ce que son exigence morale lui commande. Un héros, le résistant Jean Moulin qui n'a pas parlé sous la torture assénée par la Gestapo qui visait à le faire céder pour qu'il donnât des informations clefs qui auraient permis de démanteler le réseau de la résistance intérieure française. Un héros, ce jeune allemand de nom Joachim Mahlke (dont parle G. Grass dans son livre autobiographique), engagé de force dans le Service du Travail du Reich et qui, toujours, en dépit des brimades, des privations, des violences… subies, laissa tomber au sol le fusil que l'*Unterfeldmeister* lui ordonnait de prendre : « Nous ne faisons pas ça », telle était la voix de sa conscience, exprimée à tous, sans relâche[48]. Egalement un héros, ce *Sonderkommando* d'Auschwitz, de nom Menachem Litchi, qui, par une décision ferme, s'est jeté dans le feu avec un corps de victime gazée qu'il traînait, parce qu'il estimait qu'il devait cesser de « jeter des gens au feu »[49]. Mais également déjà un héros celui qui, dans la discrétion quotidienne, résiste à des tentations qu'il éprouve mais qu'il désapprouve de laisser se déployer, voire,

---

[48] *Pelures d'oignon*, traduction C. Porcell, Le Seuil, Paris, 2007, p. 93 à p. 102.

[49] *Des Voix sous la cendre*, Calmann-Levy/Mémorial de la Shoah, 2005, Paris, pp. 380-381.

au-delà d'y résister, qui travaille à s'en défaire pour se protéger de pouvoir y céder.

Mais ne nous laissons pas trop emporter par la facilité (d'autant plus grande qu'on se trouve chez soi, assis dans un confortable fauteuil) à distribuer des palmes ou, à l'inverse, des blâmes. Car cela est déjà un peu se mettre à « faire la morale ». Or la morale n'a pas à être « faite » (à autrui). La morale est une affaire *de soi à soi* dans son rapport à l'humanité. Cela veut dire que la morale exige que chacun se juge lui-même (sans complaisance). Chacun peut certes « s'indigner contre » ou, au contraire, applaudir..., en fonction de l'acte et des valeurs qu'il a estimés moralement fondés... Mais chacun doit prendre garde de ne pas se mêler *sérieusement* de la conscience morale d'autrui. Il n'y a pas de maître en morale ; cela est contradictoire avec l' « essence » même de la morale, laquelle révèle le caractère parfaitement inaliénable de la conscience morale propre à chacun. Il s'agit de saisir, ici, que les tribunaux autorisés, ceux qui appartiennent à la Cité, même s'ils mettent en mouvement ce que l'on appelle le « for intérieur » des consciences morales individuelles amenées à juger n'ont jamais à se prononcer en termes de moralité, mais toujours, et strictement, en termes de *juridicité*.

*

Nous retiendrons que le mal se définit comme le refus de la moralité, qui, elle-même, définit l'humanité de l'homme. De sorte que toute volonté d'atteinte de l'humanité de l'homme est une volonté d'atteinte de la moralité ; et inversement.

La moralité signale la pensée et la liberté de l'homme, dont elle relève précisément. Du coup, la moralité exige l'exercice permanent, en tout homme, de la pensée et de la liberté, comme garantes d'elle-même. Empêcher, de quelque façon que ce soit, le libre exercice de la pensée (en muselant directement les hommes ou en sapant leurs conditions d'existence qui sont les conditions *matérielles* de l'exercice de leur pensée) est un crime contre la moralité et, partant, un crime contre l'humanité[50] de l'homme. Et, plus radicalement, nier l'existence même d'une

[50] Terme qui n'est pas pris, ici, dans son sens juridique.

pensée et d'une liberté humaines, donc nier la spécificité de l'homme (proprement : son humanité), constitue le mal absolu.

Deux exemples dans l'histoire incarnent parfaitement les deux aspects du mal : celui qui, tout en ne niant pas l'humanité de l'homme, la violente, jusqu'à compromettre parfois (et plutôt très souvent) la préservation de cette humanité (l'exemple sera celui de l'Inquisition), et celui qui, dès le départ, nie l'humanité de l'homme pour, en vérité, mieux l'anéantir, sans le poids du moindre scrupule (et l'exemple, là, sera celui de la Shoah).

PARTIE II

L'Inquisition[51] ou « la dictature de la foi »[52]

[51] Les historiens associent à l'émergence de cette institution épiscopale la date de 1229. Mais son origine pourrait être associée à la date de 1184 avec le Concile de Vérone.
[52] Selon le titre d'un ouvrage de J. Pinglé, Editions Perrin, Paris, 1982.

« Siégeant dans notre tribunal
conformément à notre fonction de juge,
le regard fixé uniquement sur Dieu et sur l'intérêt de la vérité,
sur les Saints Evangiles disposés devant nous
afin que notre jugement émane de la face de Dieu
et que nos yeux voient la vérité... ».
(Le Manuel des Inquisiteurs, p. 199)[53]

Toute Inquisition croit en l'homme. Une telle affirmation peut apparaître au premier abord comme une mauvaise plaisanterie quand on sait combien cette institution généra de violences contre l'homme : « C'est aussi bien la torture morale et la violation de la personnalité que le supplice physique »[54] ! Certes, cette institution, qui se disait elle-même « La Très Sainte Inquisition », prétendait avoir le droit pour elle et ne mettre en œuvre, en conséquence, que des *peines* parfaitement légitimes. « Il n'y a pas de cause plus noble (...) que celle de l'Inquisition »[55] ! « La cause la plus noble, la plus grande, la plus pieuse : il s'agit de la protection, de la consolidation et de l'implantation sur tout l'univers de cette institution de droit divin qu'est le Saint-Office de l'Inquisition »[56] ! Bref : bonne conscience avec soi.

Mais l'Inquisition a cru en l'homme d'une façon détournée ; elle a cru en lui *en tant que créature de (son) Dieu.* Lorsque, en l'an 2000, le pape Jean-Paul II demanda pardon pour l'Inquisition, il demanda pardon à Dieu, mais pas à l'homme. Dommage.

---

[53] *Le Manuel des Inquisiteurs*, traduction L. Sala-Molins, Albin Michel, Paris, 2001, p. 281.
Le Manuel des Inquisiteurs, véritable manuel d'exercice de l'Inquisition, comprend le texte de Nicolau Eymerich (écrit à Avignon en 1376) et celui de Francesco Pèna, lequel fut chargé par la papauté, au XVIe siècle, d'enrichir le premier texte, des lois, instructions, etc., accumulées par l'Inquisition depuis 1376. Ce *Manuel* est considéré à juste titre par son traducteur comme ce qui peut permettre de « percer les intentions » (p.13) de l'institution inquisitoriale en-deçà des simples *faits* de l'Inquisition.

[54] Guy et Jean Testas, *L'Inquisition,* PUF, Paris, 1966, p. 5.

[55] *Le Manuel des Inquisiteurs*, Pèna, p. 281.

[56] *Idem*, p. 285.

Bien des idéologies du XXe siècle (notamment le communisme à la Staline ou à la Mao ou à la Pol Pot...) ont précisément voulu libérer l'homme de Dieu ; mais elles ne l'ont pas libéré de la folie fanatique qui pervertit *toute* croyance dès lors qu'elle se prend pour un savoir et se met en tête de forcer tous les esprits à s'y soumettre. Folie pure, en effet, parce que la croyance qui se sait elle-même croyance devrait très naturellement pratiquer la tolérance, au moins à l'égard des autres croyances. Et quant à la croyance qui s'ignore et se prend pour un savoir, ignore-t-elle que l'esprit ne peut être *forcé* à se soumettre au savoir mais ne peut y adhérer qu'à la condition d'avoir développé lui-même les étapes de sa propre compréhension *libre* ? Ce que l'humanité sait depuis Platon ! Mais l'Inquisition, comme le rappelle L. Sala-Molins, a accordé aux philosophes « l'honneur d'ouvrir le cortège »[57] de la liste des coupables d' « erreurs-hérésies »[58] : platonisme, stoïcisme, épicurisme, etc. Le pacte avec l'aveuglement était signé.

Mais précisons : qu'est-ce que cela veut dire exactement que l'Inquisition (puisqu'il est, ici, surtout question d'elle) a « cru » en l'homme ? Y a-t-elle cru véritablement, à partir du moment où elle s'est fondée sur le *refus de la liberté de l'estimation des valeurs* (lesquelles ne peuvent être fondées sur aucun dogme, ni d'ailleurs, sur aucune science), dans l'objectif de « sauvegarder la pureté de la vérité »[59] (en fait, dans l'objectif d'« enraciner une seule et unique foi »[60] regardée comme étant précisément « la » vérité pure, de sorte que « tout ce qui, en actes ou en paroles, en gestes ou en intentions, a[vait] quelque rapport avec une doctrine, un usage condamnés par le Christ, par les pères de l'Eglise, par les conciles, par les papes, (...) [était] du domaine de l'Inquisition »[61]) ?

Oui, l'inquisition a cru en l'homme car, paradoxe sans fond, il lui importait de regarder l'homme comme *libre*. En effet,

---

[57] *Idem*, Introduction (L. Sala-Molins), p. 46.
[58] *Ibidem*.
[59] *Idem*, p. 13.
[60] *Idem*, p. 18.
[61] *Idem*, p. 39.

l'Inquisition n'est pas une institution qui, équipée de sa milice, a visé l'*extermination* des hérétiques. Mais elle a visé par-dessus tout l'*aveu* et le repentir *libres*. L'aveu et le repentir libres, jusqu'au bout : même au seuil du bûcher. « Et de fait, voici ce qui arriva en Catalogne, dans la ville de Barcelone, où on livra au bras séculier trois hérétiques mais non relaps[62] : l'un deux, qui était prêtre, alors qu'il était déjà passablement brûlé de tout un côté, se mit à crier qu'on le déliât, qu'il voulait abjurer et qu'il se repentait. On le délia »[63]. Voici ainsi comment Pèna, citant Ezechiel qui citait lui-même « le Seigneur », présentait l' « esprit » de l'Inquisition : « Nous ne voulons pas que le pêcheur meure, mais qu'il se convertisse »[64] !

Mais quid de l'aveu et du repentir sous la douleur de la torture ou des flammes qui commencent à mordre les pieds ?

L'aveu, l'abjuration et le repentir, la question ou les tourments ou la torture, « la prison horrible et obscure »[65] ou « l'emmuration »[66], « l'abandon au bras séculier »[67] ..., tous ces mots de l'Inquisition demandent à être bien éclairés afin que le principe de l'institution inquisitoriale apparaisse sans fard.

---

[62] Ancien pénitent qui a « rechuté ».

[63] *Idem*, Pèna, p. 230. Ce qui, finalement, ne se fera plus (voir plus loin).

[64] *Idem*, p.118.

[65] *Idem*, p. 227.

[66] *Idem*, p. 151.

[67] *Idem*, p. 229.

L'obsession de l'aveu

« L'oeil était dans la tombe et regardait Caïn ».
(Victor Hugo, La Légende des siècles)

Comme le précisent très justement G. et J. Testas, « l'Eglise accordait sa préférence aux aveux qui lui semblaient supérieurs aux preuves »[68]. Supérieurs en quel sens ? En ce sens qu'ils auraient été plus fiables pour s'assurer de l'hérésie ? Certainement pas. Supérieurs en ce sens que la visée de l'Inquisition, encore une fois, n'était point d'*exterminer* les hérétiques[69], ni même les hérésiarques[70], mais de sauvegarder la vérité dans les *esprits*, car tel est bien le lieu où « siège » la vérité. On lit précisément ceci dans le *Manuel des Inquisiteurs* : « Le crime d'hérésie se conçoit dans l'entendement et se cache dans l'âme ; il est donc évident que rien ne le prouve mieux que l'aveu de l'accusé »[71].

Pour leur part, les mises à mort publiques avaient surtout pour but de provoquer un « effet terrifique sur le peuple »[72] ; précisément : « sur la foule imbécile »[73]. Tant et si bien que même les condamnés par contumace étaient brûlés en effigie : « Il est bon de dresser une statue du contumax sur laquelle on affichera le nom et la condition du condamné, et de la livrer ainsi au bras séculier pour qu'elle soit brûlée, exactement comme on ferait si le contumax était présent (...) »[74].

Ainsi, dans la perspective inquisitoriale, il importait de s'adresser à des *esprits* et de les amener à *avouer*, l'aveu

---

[68] *L'Inquisition*, p. 38.

[69] « Ceux qui se trompent sur ce qu'il faut croire et s'attachent de cœur à leurs erreurs » (*Le Manuel des Inquisiteurs*, Eymerich, p. 116).

[70] Entendons : les « princes des hérétiques », à savoir « ceux qui ne se limitent pas à se tromper et à s'attacher à leurs erreurs », mais « qui les formulent, les inventent, les prêchent » (*Le manuel des Inquisiteurs*, Eymerich, p. 89).

[71] Pèna, p. 186.

[72] *Idem*, p. 237.

[73] *Idem*, p. 242.

[74] *Idem*, p. 237.

impliquant, dans son sens même, la reconnaissance immédiate, par soi-même, de sa culpabilité, de son erreur-faute, de « l'horrible crime de l'hérésie »[75]. Il importait ainsi, au-delà des preuves, de réussir à déloger l'hérésie à la racine et d'y reloger la seule croyance admissible car la seule regardée, paradoxalement en tant que croyance, comme vérité. Et encore faudrait-il dire, pour s'approcher le plus possible de ce dont il était véritablement question : il importait à l'Inquisiteur, en réussissant, par l'aveu, à rendre l'esprit de l'hérétique transparent, d'acculer ce dernier à se « nettoyer » lui-même de ses fausses croyances.

Ainsi, qui avouait, dans le prolongement des preuves (que l'on dira désormais *extérieures* pour les différencier de l'aveu regardé lui-même comme une preuve !) et qui, de manière conséquente, abjurait et demandait lui-même le repentir (en désormais bon chrétien, en « très cher fils de l'Eglise »[76]), se retrouvait condamné à la prison perpétuelle : peine et purgatoire, avec, pour perspective, « le salut et la gloire éternelle »[77]. A moins d'être relaps : si le relaps impénitent était condamné « aussitôt »[78] au bûcher, le relaps pénitent, quant à lui, était également condamné au bûcher (on pouvait lui accorder toutefois l'étranglement préalable), mais il devait « se préparer à bien se confesser et à recevoir l'eucharistie afin de bien mourir »[79].

Par contre, qui n'avouait pas se trouvait, sur la seule base de preuves *extérieures*, selon l'expression consacrée : « livré (ou abandonné) au bras séculier »[80] afin d'être brûlé sur la place publique.

S'il s'agissait d'un jeu, on dirait là : « Cherchez l'erreur » ! En effet, comment l'aveu pouvait-il être regardé comme la preuve la plus sûre, et l'accusé n'ayant pas avoué être condamné à mort ? Cette incohérence ne peut tomber que si

---

[75] *Idem*, p. 263.
[76] *Idem*, p. 216.
[77] *Ibidem*.
[78] *Idem*, Eymerich, p. 279.
[79] *Idem*, Pèna, p. 231.
[80] *Idem*, p. 229.

l'on épouse bien la logique folle de l'Inquisition, c'est-à-dire si l'on intègre cette idée que l'Inquisition a tourmenté l'homme précisément parce qu'elle n'a pas sous-estimé sa pensée. Qui n'avouait pas était pensé comme con-damné à perdre et son corps et son âme dans « le jugement des flammes »[81], tandis que le relaps une seconde fois repenti, perdant son corps dans les flammes et devenant « cendres », était considéré comme « rendant son esprit au créateur »[82]. Cendres… Nom même de ce jour qui, suite aux excès de Carnaval ponctué par l'*embrasement* du Bonhomme, ouvre la période de Carême, jours de pénitence et de jeûne.

Les hérétiques (ou seulement les soupçonnés d'hérésie) défunts qui avaient échappé au jugement inquisitorial (et qui, dans la logique inquisitoriale, n'avaient donc pas eu cette « chance » de pouvoir *avouer*) n'échappaient pas à l'anéantissement des flammes : ils étaient exhumés et leurs ossements incinérés (« en prenant bien garde de ne pas brûler en même temps des ossements de braves catholiques »[83] et sans oublier non plus de procéder ensuite à « la consécration du lieu qu'avait ainsi profané la présence d'un cadavre d'hérétique »[84]).

L'Inquisition n'a sous-estimé ni la pensée, ni, par conséquent, la liberté (en tout cas par un certain côté). Le but était vraiment que l'accusé, non point simplement renonçât à ses erreurs (et fautes), mais qu'il *voulût*[85] y renoncer en y renonçant. Et cela, avec une obsession telle que Pèna rectifia la position de son prédécesseur Eymerich, concernant les aveux et le repentir « in extremis » (entendons : alors que l'accusé était déjà devenu partiellement un « combustible »[86]). En effet, tandis qu'Eymerich estimait que l'on pouvait là « accorder la vie sauve (et emmurer à vie) »[87], Pèna fit remarquer qu'il était

[81] *Idem*, p. 91.

[82] *Idem*, p. 225.

[83] *Le Manuel des Inquisiteurs*, Pèna, p. 247.

[84] *Ibidem*.

[85] *Idem*, p. 229.

[86] Selon la terrible mais lucide expression de L. Sala-Molins dans son introduction au *Manuel des Inquisiteurs*, p. 12.

[87] Selon les termes de Pèna, p. 233.

possible que tout repenti « in extremis » ne fût en vérité pas coupable d'hérésie mais que, « pour éviter la mort ou les tortures ou quelque péril de ce genre il se diffamât lui-même, avouant avoir fait ce qu'il n'avait pas fait »[88] ! Or... « pêché mortel que de s'infliger ainsi à soi-même la plus terrible des diffamations, à savoir celle de la culpabilité pour hérésie, afin d'échapper à la mort »[89] ! Conclusion de Pèna ? « Bien qu'il soit dur de conduire au bûcher un innocent, on n'admettra pas qu'un accusé avoue pour échapper à la mort »[90]. Mais comme, au bout du compte on ne saurait, « in extremis », faire la distinction entre celui qui *avoue sincèrement* et celui qui *fait semblant d'avouer* (par exemple sous l'effet de la peur), « il appartiendra au confesseur et aux théologiens qui accompagnent [l'accusé] à la mort de le consoler et de le réconforter dans sa vérité : n'avoue pas ce que tu n'as pas fait, lui diront-ils et n'oublie pas que, si tu supportes l'injustice et le supplice avec patience, tu recevras la couronne du martyre »[91].

C'est dans la même exigence obsessionnelle d'obtenir des aveux et abjurations véritables qu'Eymerich et Pèna estimaient qu'il ne fallait pas que les Inquisiteurs se pressassent : plus s'agissait-il d'hérétiques convaincus, plus fallait-il que du temps fût préservé avant la sentence finale afin de pouvoir opérer des tentatives répétées d'obtention des aveux (et donc la conversion), de l'abjuration (conséquence immédiate de cette conversion) et de l'expression d'une participation volontaire à la peine pour s'être coupablement trompé : « On peut retenir en prison l'hérétique impénitent pendant des jours, voire des mois, afin de le solliciter, de le conjurer de se repentir et de revenir au sein de l'Eglise »[92].

---

[88] *Idem*, p. 235.
[89] *Ibidem.*
[90] *Ibidem.*
[91] *Ibidem.*
[92] *Idem*, Eymerich, p. 279-280.

L'inquisiteur, détective de la pensée et détecteur de mensonges

« (...) on remarque que les pensées forcées
ne sont jamais que des colères ».
(Alain, Propos sur les pouvoirs[93])

L'obsession de l'Inquisition étant l'aveu sincère et non l'aveu feint, donc l'expulsion *effective*, hors de l'esprit, de toute croyance dite « fausse », il va de soi qu'il y avait, de la part de l'Inquisition en direction des hérétiques, la vive invitation à « se présenter spontanément » [94] : « sans être cité » [95] (suite, notamment, au rapport de délateurs qui, pour leur part, « gagnaient trois ans d'indulgence et se garantissaient en plus le salut éternel » [96]). Bien sûr, l'auto-dénonciation n'épargnait pas la peine dite « salutaire »[97].

Mais comment s'assurer que l'auto-dénonciation ne fût pas motivée par la peur ? Ainsi, même dans les cas de présentation spontanée, c'est-à-dire d'aveux faits loin du bûcher ou, même, des instruments de torture, il fallait donc que l'Inquisiteur s'assurât qu'il avait affaire à un acte *libre*, à un véritable aveu (d'erreur-faute). Ainsi, se demandait Pèna, comment, en dehors des preuves *extérieures*, « se faire une opinion sur la réalité de l'adhésion mentale (...) à la vraie foi ? »[98]. Incontournablement, il fallait « procéder » [99], à savoir entrer dans la démarche *juridique* des interrogatoires (ce qui, d'emblée, évitait que le coupable avouant spontanément ne transformât son aveu en confession, une confession ne pouvant être rendue publique : ainsi, précisait Eymerich, l'Inquisiteur n'était pas « juge du for

---

93 p. 210.
94 *Idem*, p. 150.
95 *Ibidem*.
96 *Idem*, Pèna, p. 214.
97 *Ibidem*.
98 *Idem*, p. 82.
99 *Idem*, p. 163.

intérieur et pénitentiel »[100], mais simplement du « for juridique »[101] !).

L'Inquisiteur était donc, si ce n'est une « police » de la pensée, en tout cas un « détective » de la pensée. A partir de là, toutes les ruses devenaient non seulement permises, mais attachées très normalement à la fonction : « La ruse est la meilleure arme de l'Inquisiteur »[102], de telle sorte qu'il lui faudra précisément « redoubler de ruse et de sagacité pour suivre [les accusés] dans leurs retranchements (…) »[103]. Bref, « ajoutez la ruse à la ruse »[104], conclut Pèna dans le prolongement d'Eymerich, quitte à mentir, à faire épier… : « L'Inquisiteur feindra (…) »[105], « on aura posté (…) des témoins, voire le notaire inquisitorial en bonne place, avec la complicité des ténèbres (…) »[106] ; etc. Ruses et mensonges de l'Inquisiteur, « faits judiciairement et au bénéfice du droit, du bien commun et de la raison (…) »[107]. Ne va-t-il pas de soi qu' « il faut distinguer entre mensonge et mensonge, entre ruse et ruse ? »[108], celles des hérétiques et celles de l'Inquisiteur ?

Un bon Inquisiteur était ainsi celui qui ne permettait aucunement à l'hérétique d' « échapper aux pièges de l'interrogatoire »[109]. Lorsque l'on parcourt les « dix astuces » répertoriées par Eymerich dans *Le Manuel des Inquisiteurs*, dont étaient susceptibles d'user les hérétiques, ceux avouant (n'ont-ils pas avoué sous l'effet de la peur ?), mais, surtout, ceux n'ayant pas encore avoué mais étant fortement suspectés d'avoir à avouer, alors on se dit que la machine à détecter les mensonges fut là inventée. Trois exemples suffiront à prendre la mesure du souci inquisitorial de pénétrer la pensée dans ses

[100] *Idem*, p. 149.
[101] *Ibidem*.
[102] *Idem*, p. 164.
[103] *Idem*, pp. 164-165.
[104] *Idem*, p. 165.
[105] *Idem*, Eymerich, p. 171.
[106] *Idem*, p. 173.
[107] *Idem*, Pèna, p. 174.
[108] *Idem*, p. 175.
[109] *Idem*, p. 162.

moindres « recoins ». Le premier : « Interrogés sur le vrai corps du Christ, ils répondent sur son corps mystique. Ainsi on leur dit : « Crois-tu que cela soit le corps du Christ ? », ils répondent : « Oui, je crois que cela est le corps du Christ (entendant par là une pierre qu'ils voient là, ou leur propre corps, en ce sens que tous les corps sont du Christ, parce qu'ils sont de Dieu, qui est le Christ) »[110] ? Un deuxième exemple : « Vous demandez : « Crois-tu que le Saint-Esprit procède du Père et du Fils ? », et il vous répond : « Qu'en croyez-vous vous-mêmes ? ». Vous lui dites : « Nous croyons que l'Esprit saint procède du Père et du Fils. » Et il répond alors : « Je le crois aussi » (sous-entendant : je crois bien que vous le croyez, mais moi, je n'y crois pas) »[111]. Un dernier exemple : « Vous demandez : « Crois-tu que Dieu est le créateur de toutes les choses ? », et il répond avec étonnement, presque avec indignation : « Mais que croirais-je d'autre ? Ne dois-je pas croire cela ? (sous-entendant qu'il ne doit pas y croire) »[112]. Etc.

S'est alors posée, là, la question du fou : que faire du fou ? Un fou n'a jamais rien à avouer, quand bien même il dit des choses contraires à la « vérité » de l'Eglise ! Par contre, il est possible qu'un accusé feigne la folie dans l'espérance, alors qu'il n'avoue pas, d'avoir la vie sauve ! Dès lors, « pour en avoir le cœur net, on torturera le fou, vrai ou faux »[113]. A partir de là, deux possibilités : ou bien le fou était un faux fou et « il continuera difficilement sa comédie sous la douleur »[114], ou bien le fou était un vrai fou et il restera fou pendant la torture. Mais comme il y a de faux fous qui peuvent réussir à ne pas cesser leur « comédie » et à éviter ainsi d'avoir à « avouer » sous la douleur de la torture, alors que l'on livre tous les fous, vrais ou faux, au bras séculier ! Et c'est ce qui se fit car… « le bien public doit être placé bien plus haut que toute considération charitable pour le bien d'un individu »[115].

---

110 *Idem*, p. 165.
111 *Idem*, p. 166.
112 *Ibidem*.
113 *Idem*, Pèna, p. 169.
114 *Ibidem*.
115 *Ibidem*.

De toute façon, peu de scrupules pour l'Eglise de l'époque à ce sujet, car le fou était regardé comme un individu dont le corps était habité par le Diable ; en effet, comme le précisait le *Malleus Malleficarum*[116], toute maladie à laquelle on ne trouvait point de remède était nécessairement causée par le diable. La folie était donc bien l'affaire des ecclésiastiques qui tentaient de soigner par la foi et, s'il le fallait, par l'exorcisme.

Mais qu'est-ce donc qui, concernant l'esprit (et le corps), n'était pas l'affaire des ecclésiastiques ? J. Le Goff et N. Truong citent le grand historien de la pensée médicale, M. D. Grmek, concernant la conception de la maladie au Moyen Age : « On concevait les rapports entre l'âme et le corps d'une façon si étroite et imbriquée que la maladie était nécessairement une entité psychosomatique »[117] ; en conséquence, la médecine devait bien être une médecine de l'âme entre les mains des ecclésiastiques. Ainsi du lépreux, par exemple, dont on considérait qu'il devait avoir été conçu par ses parents pendant des périodes où l'union des corps n'était pas permise. Les léproseries étaient ainsi des sortes de prisons pour les malades (dépossédés de leurs biens et séparés, outre de la vie sociale, de leur famille). Bien évidemment, la lèpre et l'hérésie furent associées : « Comme la lèpre, l'hérésie est une maladie de l'âme qui s'exprime symboliquement par un corps malade, à retrancher d'un corps sain de l'Eglise »[118]. Et J. Le Goff et N. Truong de rapporter les propos d'un moine du XIIe siècle, adressés à un hérétique : « Toi aussi tu es un lépreux, balafré par l'hérésie, exclu de la communion par le jugement des prêtres (...), tu dois crier continûment que tu es un lépreux, un hérétique et un impur (...) »[119].

La volonté de mainmise sur l'âme, le psychisme, est allée jusqu'à la volonté de... surveiller les rêves ! Déjà, en tant qu'immaîtrisables (et précisément par ce fait même !), les rêves

[116] *Le Marteau des sorcières* (entendons : *contre* les sorcières), attribué à H. Institoris et J. Springer, inquisiteurs (XVe siècle).
[117] Jacques Le Goff et Nicolas Truong, *Une Histoire du corps au Moyen Age*, Liana Levi, Paris, 2003, p. 127.
[118] *Idem*, p. 126.
[119] *Ibidem*.

furent regardés plutôt comme des productions du Diable. C'est que « la diabolisation du rêve [fut] une réponse habile à une culture païenne de l'interprétation des vérités cachées de l'au-delà, qui [devait] se faire à présent par la médiation et le contrôle des autorités ecclésiastiques »[120]. Ainsi, si cela avait été possible, le rêve, songe-men*songe*, aurait été interdit, réservé aux saints dont les rêves étaient, quant à eux, certainement prophétiques.

---

[120] *Idem*, p. 96.

L'immiscions dans les âmes par les corps

« (...) nul n'est maître de ses propres membres ».
(Le Manuel des Inquisiteurs)[121]
« Le corps humain est inviolable ».
(Article 16-1 du code civil)

De par cette obsession de l'aveu authentique propre à l'Inquisition, le recours à la torture (« Faite sans cruauté ! Nous ne sommes pas des bourreaux ! »[122]) se présente au premier abord comme plutôt énigmatique. En effet : comment considérer qu'un homme torturé avoue authentiquement, c'est-à-dire ni sous l'effet de la douleur (et dans le but de la faire cesser), ni sous celui de la peur (du recours à des tortures encore plus abominables) : « Si, après avoir été décemment (!) torturé, il n'avoue pas, on lui montrera les instruments d'un autre type de tourment, en lui disant qu'il lui faudra les subir tous s'il n'avoue pas »[123]. La torture était ainsi le procédé visant à « arracher les aveux »[124] lorsque l'Inquisiteur n'avait pas réussi à « tirer élégamment la vérité de la bouche »[125] ! Par vérité il faut bien sûr entendre encore, ici : l'aveu de sa propre hérésie alors reconnue comme telle par soi-même, à savoir comme erreur-faute.

Pour bien saisir le sens de la torture selon l'Inquisition, il faut commencer par noter que cette dernière regardait la douleur comme capable « d'éveiller l'intelligence »[126], « d'ouvrir l'esprit »[127] ; c'est-à-dire qu'il s'agissait bien, par la « question » (doux euphémisme !), non pas de forcer par la peur

[121] Pèna, p. 278.
[122] *Le Manuel des Inquisiteurs*, Pèna, p. 208 *(c'est nous qui mettons les points d'exclamation).*
[123] *Idem*, p. 205.
[124] *Idem*, Eymerich, p. 172.
[125] *Idem*, p. 173.
[126] *Idem*, Pèna, p. 227.
[127] *L'Inquisition*, p. 39.

ni par la douleur en elle-même, mais d'utiliser cette dernière pour rendre l'esprit à même de mieux comprendre, d'accéder à la révélation de la vérité ; bref, de le conduire à un *aveu* véritablement. Aussi importait-il, après la torture, de bien s'assurer que l'esprit avait été éveillé avec succès, ouvert véritablement à la vérité : il fallait précisément se soucier de « ratifier les aveux passés sous la torture »[128], en demandant à celui qui venait d'être torturé la veille ou l'avant-veille (donc après récupération supposée) : « Te souviens-tu de ce que tu as avoué hier ou avant-hier sous la torture ? Eh bien, redis-le moi maintenant en toute liberté »[129]. Et « si l'accusé ne ratifiait pas (...) il était de nouveau soumis à la torture »[130]. Et Pèna de se demander : « Mais combien de fois peut-on recommencer toute la série des tortures par non-ratification des aveux ? »[131]. La réponse : trois fois ; après quoi, « on relâche l'accusé, comme le dit merveilleusement Eymerich »[132] ! En effet, si au bout de tant d'épreuves la victime (tel ne serait certainement pas le terme utilisé par l'Inquisition) n'avouait pas ou, plutôt, ne ratifiait pas ses aveux, c'est que, tandis que l'intelligence devait assurément avoir été éveillée, elle n'avait rien à avouer.

Il importe, ici, de mettre au jour le rapport[133] de l'âme (ou de l'intelligence ou de l'esprit ou de la pensée...) et du corps selon le christianisme et nous saisirons mieux comment ce dernier a pu regarder la torture comme une épreuve favorisant l'éveil de la pensée.

La torture ordonnée par l'Inquisition devait être « sans effusion de sang »[134] ; d'où « la pratique classique de la torture par compression ou au contraire étirement des membres »[135].

---

[128] *Le Manuel des Inquisiteurs*, Pèna, p. 209.
[129] *Ibidem.*
[130] *Ibidem.*
[131] *Ibidem.*
[132] *Ibidem.*
[133] La « pensée » de ce rapport a connu, sur la longue période du Moyen Age, des évolutions. Il sera principalement question, ici, des aspects lisibles à travers le « filtre » du catholicisme *inquisitorial* auquel il serait assurément injuste de réduire tout le catholicisme.
[134] *Idem*, Pèna, p. 204.
[135] J. Ménéchal, *Le Mal, Une femme est brûlée,* p. 122.

Même : « L'accusé devait être torturé de telle sorte qu'il soit sain pour la libération ou pour l'exécution »[136] ; pour la libération, certes ; mais pour l'exécution ? Pourquoi « préserver » ce corps qui allait finir dans les flammes ? Le rapport de l'âme et du corps a, certes, pour le christianisme, toujours été problématique ; on peut dire que le corps a toujours eu pour lui une place centrale, voire obsessionnelle. Les thèmes de l'incarnation et de la résurrection (tant celles de Dieu que des chrétiens), voire de l'eucharistie, mais aussi la pratique du baptême et de l'extrême onction, suffisent à eux seuls à convaincre de cette importance du corps dans le christianisme. Mais celui-ci ne conçoit pas l'âme et le corps comme deux substances pensables séparément. Il conçoit précisément que « chaque homme se compose d'un corps, matériel, créé et mortel, et d'une âme, immatérielle créée et immortelle. Et que ce corps et cette âme sont indissociables »[137]. C'est ainsi que, comme le fait très justement remarquer J. G. Nadeau, « s'il y a méfiance à l'égard du corps en christianisme, c'est justement à cause de sa relation intime avec l'âme dont il menace le salut »[138].

Ainsi, ce sont bien l'âme *et* le corps qui souffriront en Enfer ou jouiront (licitement) au Paradis où « les cinq sens seront à la fête : la vue dans la plénitude de la vision de Dieu et de la lumière céleste, l'odorat dans le parfum des fleurs, l'ouïe dans la musique des chœurs angéliques, le goût dans la saveur des nourritures célestes et le toucher au contact de l'air quintessencié du ciel »[139] ! Entre les deux le purgatoire[140], où les âmes « dotées d'une sorte de corps [seront] tourmentées comme en enfer, mais avec l'espoir d'en sortir (…) »[141] et de « retrouver le corps glorieux du paradis »[142].

---

[136] *Idem*, p. 263.

[137] *Une Histoire du corps au Moyen Age*, p. 40.

[138] *Pratique et construction du corps en christianisme, L'union intime du corps et de l'âme en christianisme,* p. 21.

[139] p. 13.

[140] Invention de la seconde moitié du XIIe siècle

[141] *Idem*, p. 152.

[142] *Ibidem*.

Finalement : qu'est-ce que l'Inquisition mettait elle-même en œuvre si ce n'est un purgatoire terrestre, un purgatoire avant l'heure ? Le tourment salvateur ? Le tourment qui purifie l'âme par la douleur du corps et conduit ainsi celle-là à l'aveu qui est reconnaissance de sa propre faute et ainsi début d'abjuration ? C'est que l'absence de douleur était regardée comme étant déjà un pas vers le plaisir et le plaisir un pas vers le pêché : un mauvais usage du corps ; au point qu'un théologien du XIIe siècle, Hugues de St Victor, put aller jusqu'à soutenir que même « la conception des enfants ne se [faisait] pas sans pêché »[143], même s'il y avait eu « copulation juste »[144] (laquelle fut définie par divers manuels destinés, entre autres mais prioritairement, aux confesseurs).

Idéalement, il aurait fallu que tout chrétien fût déjà un corps glorieux. D'où l'élévation de la vie monacale, dans le Haut Moyen Age, au niveau de modèle de vie chrétienne idéale. Notamment, « les Bénédictins [considéraient] l'ascèse comme instrument de restauration de la liberté spirituelle et de retour à Dieu »[145]. Le saint n'est-il pas un martyr, à l'image du Christ ? Les stigmates, le signe d'une grande piété ? T. Nadeau-Lacour et M. Allard notent que Marie de l'Incarnation [146] voyait précisément, sur le corps des martyrs, « le mémorial de la bonne nouvelle »[147]. La réforme monastique a pu ainsi aller assez loin : restrictions alimentaires, mortifications corporelles volontaires (port du cilice, flagellation...), tant chez certains ecclésiastiques que chez des « laïcs » (telles les confréries de pénitents).

A partir de là, le recours de l'Inquisition à la torture, que le *Manuel* présente une seule fois comme étant « déjà une peine »[148], ne paraît plus étonnant mais bien au contraire comme allant de soi : la torture est un purgatoire laissant à l'hérétique la

---

[143] *Idem*, p. 51.
[144] *Idem*, p. 49.
[145] *Idem*, p. 42.
[146] Marie Guyart, mystique du XVIIe siècle.
[147] *Pratique et construction du corps en christianisme, Le corps du sujet dans la modernité naissante*, p. 70.
[148] *Le Manuel des Inquisiteurs*, Pèna, p. 255.

chance de regagner son salut qu'il a mis en péril ; la torture, semeuse de douleur, à l'opposé du plaisir, aide l'âme, par le corps, à pencher du bon côté et à retrouver la voie de Dieu. Sur la personne d'Isaac Jogues envoyé en mission d'évangélisation auprès des Amérindiens, alors qu'il avait subi des tortures infligées par des Iroquois (jusqu'à la mutilation de ses mains), Marie de l'Incarnation put dire qu'il était « orné des marques du Fils de Dieu »[149] !

Le corps devait être torturé *nu*. Certes pour être exposé plus crûment aux tourments, mais aussi pour que le torturé ressente d'emblée la maîtrise exercée sur son corps, sur sa personne[150] devenue en quelque sorte transparente aux yeux de l'Inquisiteur : « Pendant la préparation de l'exécution [151], l'évêque et l'inquisiteur, d'eux-mêmes ou par la bouche de quelque croyant fervent, presseront l'accusé d'avouer spontanément. Si l'accusé ne le fait pas, ils ordonneront aux bourreaux de lui ôter ses vêtements (...). Ils l'exhorteront à avouer pendant que les bourreaux le déshabilleront. S'il résiste encore, il sera conduit à part, tout nu, par ces braves croyants qui l'exhorteront encore et encore »[152]. Mais le corps devait être nu également pour qu'il devînt aisé de s'assurer que ce corps qui allait subir les tourments ne cachait pas, dans ses « endroits secrets » [153], des petits papiers recouverts de formules, de figures... (considérées comme magiques) insensibilisant, soi-disant, à la douleur !

---

[149] *Correspondance*, Editions de l'Abbaye Saint-Pierre, Solesmes, 1971, *Lettre LXXVI du 2 août 1644*, p. 206.

[150] Au seuil de l'interrogatoire, ne fallait-il pas déjà que « l'accusé [s'assît] sur une chaise plus basse, plus humble que le fauteuil de l'inquisiteur » ? (*Le Manuel des Inquisiteurs*, Pèna, p. 161).

[151] (de la torture)

[152] *Le Manuel des Inquisiteurs*, Pèna, p. 204.

[153] *Idem*, p. 206.

Persuasion contre conviction[154]

« Tout se passe comme si (...) le rituel du procès d'hérésie venait mal colmater une interrogation inassouvie sur l'altérité et ses fantasmes ».
(J. Ménéchal, Le Mal, Une femme est brûlée)[155]

Ce que L. Sala-Molins s'est demandé, lui, dans son Introduction remarquable au *Manuel des Inquisiteurs,* c'est, plus largement : comment, sur la base de « l'amour-précepte »[156], l'Inquisition catholique a-t-elle été possible ? Sa réponse est la suivante : « L'anathème est tellement consubstantiel à la doctrine qu'on le retrouve sans mal dans toutes et chacune des Eglises se réclamant des Evangiles »[157]. Comment comprendre cela ? La *persuasion* menace toute croyance. Mais d'après L. Sala-Molins, certaines plus que d'autres. Dans cette perspective, une analyse des croyances serait du plus grand intérêt : pourquoi celle-ci, et pas celle-là, a-t-elle glissé vers la *persuasion* ?

Du mal découle toujours de la *persuasion* (d'avoir raison), la persuasion se prenant toujours pour de la *certitude*, alors que la certitude ne sied qu'au sentiment faisant pendant au savoir véritable, à savoir le sentiment accompagnant l'accord *libre* des esprits sur des questions qui s'inscrivent dans les limites de l'expérience possible. La croyance qui s'ouvre aux autres croyances et les tolère, voire qui s'en nourrit favorablement, est *conviction.* Par contre, celle qui, se rêvant « savoir » sans en être, se replie sur elle-même afin de ne risquer aucune remise en cause et qui, conséquemment, s'attache à annihiler toute expression (ou même tout risque d'expression, ou bien encore,

---

[154] Selon le sens accordé respectivement à ces termes par le philosophe E. Kant dans *Critique de la Raison pure*, traduction J. Barni, Garnier-Flammarion, Paris, 1976, p 611-612.
[155] p. 122.
[156] p. 9.
[157] *Ibidem.*

le moindre risque *suspecté* d'expression...) de positions différentes, est précisément *persuasion fanatique*. H. Arendt identifie ce genre de repli comme étant, au niveau politique, le propre du *totalitarisme*[158].

La peur de la remise en cause peut être telle (atteindre le niveau d'une forme de paranoïa) qu'elle peut conduire au harcèlement de l'« autre », aux croisades violentes (pour convertir et « purifier » ou rééduquer et, en cas de résistance, « nettoyer » le monde des impies, des infidèles, des traîtres... ; entendons : les exterminer). Le rejet acharné de l'Eglise en direction du judaïsme (selon les termes de l'Inquisition : « l'exécrable secte judaïque »[159], « la satanée secte judaïque »[160]...), rejet qui s'est manifesté au moins par ce que l'historien Jules Isaac appelle « l'enseignement du mépris » mais qui, on le sait, est allé jusqu'au harcèlement[161] et, au-delà, la violence meurtrière, vient certainement en grande partie de l'indifférence même du judaïsme vis-à-vis du christianisme (d'abord du catholicisme) : se mettant précisément en posture de *conviction*, le judaïsme est en effet insupportable à un certain catholicisme qui, ici, ne peut ni accuser l'« autre » de *persuasion* aveugle (la persuasion étant toujours assoiffée de convertir l'« autre »), ni le dégrader en conséquence à ses propres yeux (et aux yeux des autres) au prétexte d'une telle cécité dogmatique, ni légitimer facilement l'irritation que cette attitude génère, ni les agressions qui s'ensuivent de cette irritation. V. Jankélévitch note précisément, dans *L'Innocence et la Méchanceté* : « Si seulement les juifs haïssaient les chrétiens ! Cette méchanceté de la victime serait une aubaine providentielle. Les accusations immémoriales dont la haine antisémite accable les juifs lui servent ainsi d'alibi : elles lui permettent de légaliser sa propre méchanceté (...), de justifier la

---

[158] Par exemple dans le chapitre *Qu'est-ce que l'autorité ?*, dans *La Crise de la culture*, Gallimard, Paris, 1972.

[159] *Le Manuel des Inquisiteurs*, Eymerich, p. 103.

[160] *Idem*, Pèna, p. 180.

[161] Dans ses notes du *Manuel des Inquisiteurs*, L. Sala-Molins rappelle par exemple le contenu du *Sancta Mater Ecclesia* (1585) « rendant obligatoire un sermon hebdomadaire pour les juifs et contre le judaïsme » (p. 23).

haine que le juif inspire par la haine qu'il est censé éprouver ; elles soulagent sa lourde conscience »[162].

Plus le risque ou le fait de la remise en question sont « proches » (les « *frères* ennemis »), plus il y a sentiment de danger ; plus la remise en cause est *fondamentale*, plus il y a haine de la part de celui qui se sent menacé car il devient difficile d'ébranler la croyance rivale sans s'ébranler soi-même au passage : pour mieux s'extirper de sa propre racine juive et s'affirmer soi-même, le christianisme (catholique) a ainsi non point laissé la racine dernière lui (c'est qu'elle a subsisté, non pas seulement comme racine passée et dépassée mais comme racine *vivante*), mais tenté de la faire disparaître : soit en l'engloutissant (conversions… volontaires ou forcées), soit en l'agressant, parfois jusqu'à la mort (pogroms)…, asseyant ainsi davantage sa persuasion inavouée.

Le christianisme est *essentiellement* une rupture vis-à-vis du judaïsme, passage de la religion de la *Loi* à la religion dite de l'*Amour* ; plus encore, le christianisme n'existe qu'en rompant avec la généalogie traditionnelle (Abraham, le Père, et ses descendants) par l'avènement-événement d'une filiation d'un nouvel ordre : celle qui se dit elle-même, par le souffle divin, en direction du Père : « Dieu envoie le Fils pour qu'il fasse corps avec l'humanité et dise de tout son corps, jusqu'au dernier souffle, par sa fidélité jusqu'à la croix, qu'il se reconnaît fils ; Dieu envoie le souffle du Fils, souffle filial, intime au corps, qui permet de dire : « Père », à la suite du Crucifié »[163].

A partir de là, on peut légitimement se demander si l'entreprise inquisitoriale n'est pas tout entière déterminée par la peur de son effacement concomitante à un retour de (ou à) l'origine d'avec laquelle il a fallu précisément rompre pour être. L'Inquisition a ainsi pris une position très particulière à l'égard du judaïsme : comme dans le dit « Ancien » Testament (par rapport au dit « Nouveau » par les chrétiens) se trouvent des

---

[162] p. 133.

[163] A. Gignac, dans son étude sur la *Lettre aux Galates* de Paul, dans le recueil de textes *Pratiques et constructions du corps en christianisme*, Editions Fidès, Canada, 2009, p.127.

« vérités » communes aux juifs et aux catholiques, ce furent seulement ces dernières qui purent permettre une prise aux Inquisiteurs : pour ce qui est des « vérités » dites « spécifiques aux juifs (...) »[164], « il nous appartient, à nous chrétiens, de ne pas entraver, dans ce cas, leur hérésie et leur désobéissance, mais au contraire de les éclairer davantage et de les encourager dans ce type d'infidélité »[165], mais pour ce qui est des vérités de l' « Ancien Testament » qui sont communes aux Juifs et aux chrétiens, les Juifs qui s'y opposent « seront considérés comme hérétiques (...) »[166]. Logique !

Ainsi, l'Inquisition, produit d'une Eglise échouant à croire par *conviction*, fut ainsi une parfaite entreprise d'auto-justification de la violence dirigée contre toute forme de croyance autre que la croyance catholique définie avec une extrême rigidité : « Nous croyons que le pape, vicaire de Jésus-Christ, n'a pas de pouvoir seulement sur les chrétiens, mais aussi sur tous les infidèles »[167].

Seules la *conviction* (éventuellement religieuse) qui se sait telle, c'est-à-dire simple croyance et non savoir, et la certitude (donc l'adhésion libre à la vérité à proprement parler, laquelle ne peut être que scientifique) sont donc des attitudes intellectuelles tolérables au regard de l'exigence morale, car elles préservent la pensée comme exercice totalement libre. Et c'est la philosophie qui rappelle cela, prenant la peine de définir les notions afin d'aider chacun à savoir, d'une manière critique, quelle est la position de sa propre pensée : simple persuasion, conviction ou certitude légitime. Quel courage faut-il à l'esprit pour s'avouer, quand il le faut, simple persuasion et vouloir se réformer au moins en conviction consciente d'elle-même ! Car plus l'esprit est aveuglé (plus il n'est *que* persuadé), plus il se croit autorisé à se dire certain ; c'est-à-dire plus il se croit savoir. Rappeler ce qu'est la science (volontiers confondue,

---

[164] *Le Manuel des Inquisiteurs,* Eymerich, p. 106

[165] *Idem*, pp. 106-107.

[166] *Idem*, p. 107.

[167] *Idem*, p. 108.

certes avec la technique, mais aussi avec n'importe quel système se targuant de grands mots et de formules sûres d'elles-mêmes) n'est jamais superflu mais, au contraire, d'une extrême importance.

La bouche sous haute surveillance

« La liberté, c'est la liberté de dire que deux et deux font quatre. Lorsque cela est accordé, le reste suit ».
(G. Orwell, 1984[168])

Ainsi le corps est-il, pour le christianisme, « totalement intégré dans le processus de maturation spirituelle : il est un des lieux privilégiés de cette maturation »[169]. Si c'est la douleur qui « purifie » le corps et l'âme, l'âme *par* le corps, c'est parce que le plaisir, au contraire, est regardé comme le signe d'une forme de victoire de la corporéité et, partant, de dégradation de l'âme. Plaisir du corps et salut furent, pour l'Eglise du Moyen Age, à la limite de s'entre-exclure.

Le plaisir le plus condamné par l'Eglise fut celui de la sexualité ; à tel point que le pêché originel (croquer la pomme !) passa, avec elle, d'un pêché de *connaissance* à un pêché de *concupiscence*. Toutefois, la gourmandise fut classée aussi parmi les pêchés capitaux : « Péchés de chair et péchés de bouche vont de pair »[170]. C'est que la bouche demeure un « lieu » suspect : elle est à la fois la bouche vorace, presque animale, qui nourrit le corps de nourritures terrestres, celle dont il est question dans le pays de Cocagne (une des rares utopies du Moyen Age), et la porte des paroles (et pensées) de l'âme. En tant que porte des paroles, elle peut dire la vérité, la bonne parole, ou le faux, les mensonges. Il n'est pas excessif de se demander si, avec le lien, tel qu'il fut déterminé par l'Eglise, entre le corps et l'âme, les nombreuses références de l'Inquisition à la *bouche* sont toujours à prendre au sens métaphorique ou le plus souvent au sens propre.

L'Inquisition fut en effet comme un *index* mis sur la bouche des hommes qui avaient à dire autre chose que ce qu'ils étaient

---

[168] Traduction A. Audiberti, Gallimard, Paris, 1950, p. 112.

[169] *Pratique et construction du corps en christianisme, L'union intime du corps et de l'âme en christianisme,* T. Nadeau-Lacour, M. Allard, *Le corps du sujet dans la modernité naissante*, p. 57.

[170] *Une Histoire du corps au Moyen Age,* p. 67.

autorisés à dire (les paroles du Christ, des pères de l'Eglise et des papes). *Comme* un index ? Pas seulement : « Il est de capitale importance », notait Pèna, « de ligoter la langue [des hérétiques] ou de les bâillonner avant d'allumer le feu car, s'ils gardent la possibilité de parler, ils peuvent blesser par leurs blasphèmes la piété de ceux qui assistent à l'exécution »[171]. C'est que, avec leur bouche, ce que les hérétiques produisaient, c'était… des « vomissures »[172] !

Produisaient ? Non, « dégeulaient »[173] !

Mais de la bouche, béante et bruyante, peuvent sortir également des *rires*. La persuasion n'aime pas le rire : elle est sérieuse car elle se veut seule au monde (elle veut du « même » : soi) ; elle est tendue car elle surveille l'éventuelle manifestation de différences ; et elle se sent investie de la charge d'avoir à convertir les égarés ; lourde charge ! A l'opposé, la conviction sait rire car elle est ce qu'elle est, auprès des autres : la diversité est permise ; et cette acceptation est reposante. Célèbre humour juif. Ainsi l'Eglise ne rit-elle guère. Mais pleure. Comme le font remarquer J. Le Goff et N. Truong, le moine se définit comme « celui qui pleure » (*Is qui luget*)[174], le rire étant au Moyen Age « mis au ban, à l'écart, remis à plus tard. (…) du côté du démon. (…) la part du Diable »[175].

L'Eglise a soutenu que si elle condamnait le rire, c'était, outre le fait que le Christ n'était pas celui qui avait ri (*Itsrak*, en hébreu), parce que les rires venaient de la partie basse du corps. *Les Grandes règles* écrites par le législateur grec chrétien du IVe siècle, saint Basile, celles de Colomban, au VIIe siècle, commandent de punir pour le rire : de coups, de jeûnes, voire de prison à vie ! Faut-il vraiment prendre au sérieux cet argument d'un rire coupable car venant du ventre ? N'est-ce pas plus fondamentalement parce que le rire est une réponse à un « mot de l'esprit » qui se rit de toute vérité ?

---

171 *Le Manuel des Inquisiteurs*, Eymerich, p. 93.
172 *Ibidem.*
173 *Ibidem.*
174 Une Histoire du corps au Moyen Age, p. 86.
175 *Idem*, p. 87.

PARTIE III

La Shoah ou la négation radicale de l'humanité de l'homme

« (...) lorsque les nazis se livrèrent à un autodafé de son oeuvre en mai 1933 à Berlin, Freud commenta l'événement souriant :
« Quels progrès nous faisons ! Au Moyen Age
ils m'auraient brûlé ;
à présent ils se contentent de brûler mes livres ».
Il ne sut jamais (...) qu'il ne s'était agi que d'un progrès illusoire, et que dix ans plus tard ils auraient brûlé son propre corps ».
(Propos rapportés par E. Jones)[176]

La Shoah s'est fondée sur une non-croyance en l'homme. Ou plutôt, ce qu'il convient de dire, c'est qu'elle s'est fondée sur la haine (peut-être inavouée) de l'humanité. Et elle constitue peut-être le premier cas, dans l'histoire, de tentative d'annihilation aussi radicale du plus humain en l'homme, suscitée par une telle haine. Haine de l'homme ? Haine de la pensée, haine de la liberté. Cela n'est pas nouveau. Ce qui l'est, c'est le passage à l'acte : le passage à l'extermination du plus humain en l'homme, de l'extermination de l'homme parce qu'il est homme, et ce, par la médiation de l'extermination de l'homme juif.

Un des moyens en vue de la fin visée fut bien, également, comme avec l'Inquisition et autres « dictatures de la foi », de pratiquer le mal par « empêchement de penser » et par empêchement conjoint d'exercer sa liberté de conscience. Il fallait en effet uniformiser les croyances et les présenter (par persuasion) comme des certitudes, afin d'uniformiser aussi les comportements de ceux qui allaient être en charge de mettre en œuvre l'entreprise d'extermination (de déshumanisation de l'homme). Mais le mal de la Shoah, le mal dans la Shoah, le mal au fondement de la Shoah fut, bien au-delà, le mal *absolu* : celui de la négation même de l'humanité (de la pensée et de la liberté) ; négation « à la racine », pourrait-on dire, si l'on ne craignait d'entrer dans le lexique même des bourreaux.

---

[176] Repris par J. Ménéchal dans *Le Mal, Une femme est brûlée*, p. 119.

Précisément, sur le fond, il ne s'est pas agi, cette fois, de *changer* l'homme ou ses pensées, de le redresser ou rééduquer, de le corriger ou de le remettre dans le droit chemin…, ni de le convertir : autant de mots (toujours suspects) qui s'associent aux diverses violences que l'homme fait subir à l'homme au nom de certaines idées *arrêtées* de la vérité et du bien. Mais il s'est agi, sur la base de ce qu'il restait de l'homme aux yeux de l'idéologie nazie, à savoir des *corps*, soit de conserver, voire de renforcer, ces derniers en les *dressant* au service de la race décrétée supérieure (l'énigmatique race aryenne), soit de les *asservir* en tant que corps appartenant aux races décrétées inférieures, soit, enfin, de les *exterminer*, de les réduire à néant, en cas d'appartenance au peuple (la race ?[177]) juif (juive), peuple regardé, en fait, d'une façon si particulière, que les nazis ne le définissaient même plus comme inférieur, mais comme appartenant… « à une autre espèce que la nôtre » (c'est le nazi E. Fischer qui parle, ici, homme de science élu, en 1933, recteur de l'université de Berlin où il enseigna la médecine)[178].

Un point apparaît clairement, là, mais qui est pourtant loin d'être apparu comme tel à la majorité des philosophes post-Shoah, la plupart, négligeant la prise en compte des discours du bonhomme, s'étant en effet laissés charmer par les écrits d'Heidegger, lesquels, comme un appât attirant les regards dans sa direction, ont occupé (et occupent encore) la majorité du temps qu'ils accordent à la pensée. Ce point évident est le suivant : si, pour comprendre le nazisme en particulier, il importe de s'attacher à éclairer le ou les moteurs de son obsession destructrice tournée tout particulièrement vers les Juifs, pour comprendre le mal mis en œuvre dans et par le nazisme (le mal de la Shoah, dans la Shoah et au fondement de la Shoah), à savoir le mal absolu, il importe de se demander le sens de ce phénomène général, à savoir ce fait que les Juifs (encore eux !)[179] se trouvent être *fondamentalement* la cible du

[177] Bien sûr, la question n'est pas sérieuse.

[178] Auteur d'un certain ouvrage intitulé *Les Bâtards de Rehoboth et le problème de la bâtardisation chez l'être humain.*

[179] Cet « encore eux », ici, vise à pointer le fait que le judaïsme se trouve encore visé par le mal. Et l'antisémitisme mettant lui-même les Juifs au cœur

mal quand l'homme le déploie. Les antisémites ont toujours pris un vif intérêt, bien sûr, à inverser, là, la question, à savoir à s'enquérir de savoir ce qu'il y avait de mal (de mauvais) chez les Juifs pour qu' « on » leur vouât ainsi une telle haine !

Ce que *notre* question sous-entend, c'est que le mal, en tant qu'absolu, serait fondamentalement *antisémite*[180]. Et avancer une telle formule qui peut paraître un tantinet provocatrice, c'est sous-entendre que le judaïsme représente, dans les mentalités, de par la place qu'il a occupé et qu'il occupe encore dans l'histoire, le *symbole* du plus humain en l'homme (en *tout* homme), à savoir la pensée et la liberté[181]. De sorte que le projet de comprendre le mal exige bien un questionnement sérieux sur l'antisémitisme. On remarquera, au passage, que le penseur contemporain de la liberté radicale, inaliénable, de l'homme, à savoir Sartre, est aussi celui qui s'est trouvé conduit à développer précisément des *Réflexions sur la question juive*[182].

Entendons-nous bien : il s'agit bien là, à travers l'interrogation sur l'antisémitisme, d'éclairer la question *universelle* du mal.

Tandis que L. Sala-Molins, dans sa présentation du *Manuel des Inquisiteurs*, insistait sur la nécessité, au lieu de s'arrêter sur les faits, d'interroger directement l'ouvrage, afin d'atteindre les

---

de son obsession haineuse, peut s'exclamer, irrité de retrouver encore les Juifs sur son chemin (alors que c'est lui-même qui les y met) : « Les Juifs sont partout ! » Et pour cause, c'est lui-même qui, fantasmatiquement, les « met » partout ! « Le Juif en général, le Juif partout et nulle part », selon l'expression rapportée par H. Arendt dans son *Sur l'Antisémitisme* (traduction M. Pouteau et H. Frappat, Gallimard, Paris, 2002, p.115).

[180] Il ne s'agit pas de dire que dès qu'il y a du mal déployé, il *se manifeste* nécessairement comme antisémitisme ou *exclusivement* comme antisémitisme. Mais il s'agit de pointer que derrière tout déploiement du mal, il y a nécessairement aussi, au moins en latence, de l'antisémitisme.

[181] Nous avons déjà été amené à pointer sa place d'origine dans l'histoire des religions monothéistes, origine qui, au grand dam des religions plus jeunes, ne s'efface pas, ne se fait pas oublier comme un moment dépassé qui ne serait plus justifié, mais continue d'exister dans le sentiment serein d'être soi, et dans une tolérance pacifique vis-à-vis de ce qui lui succède temporellement.

[182] Dont j'ai déjà dit, par ailleurs (dans *Réflexions sur la question négationniste*, L'Harmattan, 2008, Paris) qu'il aurait convenu davantage de l'intituler : Réflexions sur la question *antisémite*.

principes mêmes ayant animé l'entreprise inquisitoriale et de la comprendre, il importe de se demander si, pareillement, il existe un écrit référentiel permettant d'entrer dans le vif de l' « esprit » (si l'on peut dire) du nazisme. Assurément, on songe, ici, d'emblée, au tristement célèbre *Mein Kampf* rédigé par Hitler dans sa prison de Landsberg-am-Lech entre 1923 et 1924, et publié pour la première fois en 1925 (avec un franc succès, il faut le dire). Incontestablement, de par le but poursuivi, l'impasse sur cet ouvrage qui exprime, avec force maladresse et violence, une vision du monde tout entière négatrice de l'humanité, ne doit pas être faite. Voici comment l'organe du parti nazi, le *Völkischer Beobachter*, présentait lui-même le livre : « Le livre de notre Führer contient pour le présent et pour l'avenir les principes *définitifs* des conceptions nationales socialistes (...). Il doit devenir désormais la *Bible* du peuple allemand »[183].

Toutefois, il ne faut pas omettre de considérer que rien de ce qui est énoncé dans *Mein Kampf* n'est à proprement parler novateur. Bien des écrits antérieurs à la parution du livre avaient déjà développé, tout ou en partie, des « idées » soit similaires à celles déversées dans *Mein Kampf*, soit annonciatrices de la « mentalité » qui y préside ; des écrits dont les auteurs (certains sont de réels penseurs) sont principalement allemands ou français. Pour ne pas remonter en-deçà du XIXe siècle et parce que c'est ce siècle qui a commencé notablement à dessiner les contours de ce qui allait donner les charniers du XXe siècle, citons au moins, pour l'Allemagne, J.G. Herder, J.G. Fichte, F.W. Nietzsche, H.S. Chamberlain..., et pour la France, J. De Maistre, J.A. Gobineau, C. Maurras, A. Carrel, P. Drieu la Rochelle... ; les listes sont loin d'être exhaustives. On dira : l'Allemagne et l'Europe étaient prêtes. De tous ces auteurs cités et de bien d'autres, H. Hannoun, dans son ouvrage *Le Nazisme, fausse éducation, véritable dressage*, dit à juste titre qu'ils ont « apporté [leur] pierre à l'édification de l'appareil idéologique national-socialiste, chacun participant à

[183] Numéro du 11 décembre 1933 *(c'est nous qui soulignons)*.

tracer le sillon que les théoriciens hitlériens n'ont eu qu'à emprunter pour justifier leur action »[184].

Effectivement, parmi les contemporains de Hitler et serviteurs du nazisme, se trouve un nombre conséquent de dits « théoriciens du nazisme » : A. Rosenberg, E. Krieck, A. Baeumler…, liste dans laquelle on ne doit pas omettre d'inclure M. Heidegger. L'historien allemand U. Herbert, dans son étude sur un haut dignitaire SS, W. Best, fait remarquer que l'idée même du génocide comme solution politique avait déjà été sérieusement conçue. A contre courant, comme un appel à la conscience de Heidegger (resté « sourd » !), il ne faut pas omettre non plus de se référer à l'article d'une lucidité remarquable, article concis mais extrêmement dense, écrit par E. Levinas et publié pour la première fois en 1934 dans la revue *Esprit* ; article intitulé : *Quelques Réflexions sur la philosophie de l'hitlérisme*[185]. Dans cet écrit se trouve dégagée une analyse pertinente de ce qui était en train de se jouer sur le terrain de l'histoire et qui allait donner, notamment, les chambres à gaz.

Les chambres à gaz. Les camps d'extermination… A côté de tout le matériel théorique ci-dessus indiqué se trouvent les *faits*. Ces faits qui ne sont point un détail ou un accident du nazisme mais bien l'objectivation la plus aboutie de son « essence ». Il faudra donc s'y arrêter sérieusement si l'on veut comprendre le mal dans une de ses formes absolues.

---

[184] Presses Universitaires du Septentrion, Paris, 1997, p. 13.
[185] Editions Payot et Rivages, Paris, 1997.

L'obsession de la race (*Rasse*)

Ce n'est pas tel ou tel dogme de démocratie, de parlementarisme, de régime dictatorial ou de politique religieuse qui est en cause. C'est l'humanité même de l'homme ».
(Levinas, Quelques Réflexions sur la philosophie de l'hitlérisme)[186]

Si le nazisme ne croit pas en l'homme, il croit, par contre, à la *race*. Ou plutôt, ce qu'il convient mieux de dire, c'est que le nazisme ne croit pas en l'homme parce qu'il croit en la race. A moins qu'il ne faille aller jusqu'à dire que le nazisme, ne croyant pas en l'homme, croit à la race, comme il aurait pu croire en n'importe quoi d'autre, pourvu que cela revienne à imposer l'idée d'un homme dépouillé de son humanité, à savoir de sa pensée et de sa liberté, donc, aussi, de sa moralité. En effet, dans le nazisme, la non-croyance en l'homme est proprement première et fondamentale.

Que reste-t-il alors de cet homme auquel le nazisme ne reconnaît plus l'humanité ? Il reste un animal parmi les animaux, voire simplement des forces dans l'ensemble des jeux de forces qui composent le réel ; et, en-deçà, il reste une simple constitution physico-chimique, éventuellement recyclable. Il reste donc au mieux la vie ; et la vie est la première valeur s'exclameront certains ! C'est qu'ils confondent la première valeur et la condition simplement matérielle (en occurrence, ici, biologique) de l'existence, laquelle peut se montrer capable (et c'est ce qui se produit dans l'espèce humaine) d' « introduire des valeurs dans le monde », pour reprendre la belle expression sartrienne tirée de *l'Etre et le Néant*. Si le cadavre d'un homme est assurément pure matière, quoique, en tant que dépouille d'homme, nous lui devions une sépulture, un homme vivant n'est pas forcément un homme en possession de son humanité : on peut s'attacher, s'acharner… à rendre un homme vivant par

[186] p. 24.

son corps, mort dans son âme, dans son humanité ! Les camps de concentration et, surtout, les camps d'extermination[187] dans lesquels les nazis conservaient quelque temps certains futurs gazés utiles à la tâche étaient peuplés de ces morts vivants ou de ces vivants morts, c'est-à-dire de ces corps sans nom, sans visage, destinés à la mort. Héroïques furent les moindres sursauts d'humanité dans de telles conditions, tel le simple chant entonné alors que la porte de la chambre à gaz vient d'être verrouillée ou que déjà la balle vise la nuque et que l'on se trouve devant la fosse déjà remplie de cadavres boueux et ensanglantés : des voisins, des amis, des parents, ses propres enfants, des hommes inconnus mais… des hommes !

Ainsi le nazisme a-t-il commencé en cessant de voir des humains dans les corps d'hommes. Et qu'on ne se laisse surtout pas abuser par les expressions de « surhommes » (*Ubermensch*) et de « sous-hommes » (*Untermensch*) ! Il ne reste « de » l'homme que dans les mots car, dès lors qu'une idéologie se met à parler de *sur* et de *sous* hommes, c'est qu'elle hiérarchise parmi les hommes, et lorsque cela est fait, c'est que le mal a déjà commencé à être fait : il n'y a en vérité déjà plus de reconnaissance de l'homme.

Mais précisons donc ce que le nazisme entend par le mot *homme* qu'il conserve dans sa terminologie. Il entend un être vivant caractérisé *essentiellement* par sa race. Ainsi H. Hannoun, dans son ouvrage *Le Nazisme, fausse éducation, véritable dressage* peut-il dire très justement : « Le nazisme fait de la biologisation des phénomènes humains le nerf de son explication. Qu'ils soient de contenu sociologique, politique, économique ou culturel, ils se ramènent tous à leur substrat biologique »[188]. Et la vie de la race, c'est son sang. Dans *Mein Kampf*, on peut lire précisément : « La nationalité ou, pour mieux dire, la race, ne dépend pas de la langue mais du sang »[189].

---

[187] Les camps réservés à la seule extermination, tel Treblinka, n'étaient même pas des camps mais de simples terminus ferroviaires où les victimes, dès leur expulsion des trains, étaient conduites, dénudées, aux chambres à gaz.

[188] p. 20.

[189] Nouvelles Editions latines, Paris, (sans date), p. 387.

Au bout du compte, il s'agit de ne voir que de la *nature* partout (là où l'Inquisition et autres fanatismes religieux préféraient ne voir que Dieu partout). *Mein Kampf* s'ouvre précisément sur cette question : « (…) dans un monde où les planètes et les soleils suivent des trajectoires circulaires, où des lunes tournent autour des planètes, où la force règne, partout et seule, en maîtresse sur la faiblesse qu'elle contraint à la servir docilement ou qu'elle brise », comment l'homme pourrait-il « relever de lois spéciales » ? Le nazisme est donc bien une idéologie *naturaliste* fondamentalement *raciste* (*völkisch* en allemand). Il réduit le sociologique au biologique, voire à… l'astronomique ! C'est-à-dire, pour reprendre la fameuse hiérarchie comtienne des sciences et sa terminologie, qu'il réduit *théoriquement* le plus complexe au plus simple et, *pratiquement*, le plus digne au moins digne. *Théoriquement* ? Tout ce qui est humain est expliqué par les lois de sciences que l'on pourra bien dire humaines pour faire parade, mais qui ne conviennent en vérité que pour rendre compte de phénomènes non humains (au sens fort du terme). Et *pratiquement* ? Dès lors que l'humain est *réduit* théoriquement au *non-humain*, les actions déployées en sa direction seront à coup sûr *inhumaines*.

Si là où Dieu est partout il n'y a plus d'*exercice* possible de la liberté, là où la nature est partout, il n'y a plus d'humanité ; donc, à plus forte raison n'y a-t-il plus de liberté ni de moralité reconnaissables, celle-ci ouvrant, dans le réel, la dimension du devoir être au-delà de l'être. Il faut oser le dire : la liberté et la moralité sont fondamentalement *contre-nature*, de sorte que dans tout discours où la nature commence à prendre beaucoup de place, pis, quand on se met à exiger en sa direction un certain *respect*, comme c'est le cas dans certains discours actuels à teneur écologique, alors le mal commence. Ainsi le nazisme, pour justifier son discours et ses projets, a-t-il été amené à introduire contradictoirement de la *valeur* dans la nature, du *devoir* être dans l'être : la nature commanderait de la suivre (en tout cas de suivre certains aspects, arbitrairement désignés, soit dit en passant, de ce qu'elle montre d'elle).

Dans cette perspective, celle d'un naturalisme qui élit la nature comme modèle, qui la vide de l'homme car de la liberté et de la pensée (par lesquelles, précisément, celui-ci se libère de la stricte animalité et s'affirme comme homme), il n'y a plus d'histoire mais que de l'*évolution* (tel est le mot de la biologie). Hitler a écrit : « L'Etat doit logiquement considérer comme sa tâche principale la conservation et l'amélioration de cette même race, condition fondamentale de tout progrès humain »[190]. Hitler parle bien, par ailleurs, d'histoire mais, comme tant de fois, sans savoir ce qu'il dit (ni ce qu'il ne dit pas). Se pose précisément la question de savoir, là, comment le nazisme rend compte du fait que tout n'est pas totalement joué dans la nature puisque lui-même est apparu avec ses projets.

[190] *Mein Kampf*, p. 389.

Pureté et puissance

« Le primat du corps biologique,
l'exaltation conséquente du sang et de la race
relèvent d'une manière d'exister spécifique ;
la situation à laquelle l'homme est rivé constitue désormais
le fond de son être
et circonscrit paradoxalement ses pouvoirs-être »[191].
(M. Abensour, Le Mal élémental)

Non content de réduire le sociologique au biologique, l'histoire à l'évolution, bref, l'humanité à l'animalité, et ce, de manière absolument contradictoire puisque la nature se trouve honorée comme modèle (donc comme non-nature) en tant que s'y manifesterait une sorte de discours normatif mais sans sujet pour le prononcer, le nazisme soutient que les races sont *hiérarchisées* ; précisément : qu'il y en a de meilleures que d'autres, la meilleure de toutes étant (bien évidemment) l'énigmatique[192] race aryenne et la pire, tout aussi énigmatique en tant que race, la dite race juive.

Dans la perspective du naturalisme nazi, ce qui fait la valeur d'une race, c'est à la fois sa *capacité dominatrice* des autres races et ce qui va avec, à savoir sa *pureté* (son non-mélange avec d'autres races qui la souilleraient), pureté qu'Hitler définissait comme « le trésor le plus précieux »[193]. Tel serait le but de l'Histoire, sa fin (qui n'est en fait, là, qu'une *évolution* déjà tracée d'avance) : la race supérieure, s'assurant de la préservation de sa pureté, aurait à assurer sa domination sur le

[191] Essai sur les *Réflexions sur la philosophie de l'hitlérisme* de Levinas, Payot et Rivages, Paris, 1997, p. 45.
[192] H. Hannoun note que l'origine du mot aryen renvoie à des peuples de l'Antiquité plutôt « de type méditerranéen oriental » et qu'en conséquence, l'aryen comme grand blond (que Hitler n'était du reste pas du tout), originaire du nord de l'Europe, « ne correspond à aucune réalité historique » (*Le Nazisme, fausse éducation, véritable dressage*, note pp. 109-110).
[193] *Mein Kampf*, p. 395.

monde, au même titre que le loup dévore (est fait « pour » dévorer) la brebis et que la brebis est dévorée (est faite « pour » être dévorée) par le loup, à savoir, tout « naturellement » (*Natürlich* !). Hitler appelle cela « le principe aristocratique de la nature »[194]. Tel serait ainsi précisément la « mission donnée au peuple allemand sur cette terre : (...) former un Etat qui considère comme son but suprême de conserver et de défendre les plus nobles éléments de notre peuple restés inaltérés (...) »[195].

Dans cette perspective, un des moments de l' « histoire » devient alors bien, de manière incontournable, la pratique de l'*eugénisme* : interdire certaines unions (qui donneraient des « monstres [tenant] le milieu entre l'homme et le singe »[196]), stériliser les handicapés (physiques comme mentaux), lesquels sont regardés ici comme des accidents regrettables pour sa propre race (« Tout individu notoirement malade ou atteint de tares héréditaires, donc transmissibles à ses rejetons, n'a pas le droit de se reproduire »[197]), puis, plus radicalement, les faire périr et, enfin, tandis que les races inférieures devront servir de main d'œuvre à toutes les volontés de la race supérieure, la race regardée comme la plus dégradée et la plus dégradante, quant à elle, devra être radicalement *exterminée*. Il faut, lit-on dans *Mein Kampf*, que « toute la nation participe à ce bien suprême : une race obtenue selon les règles de l'eugénisme (...) : les hommes ne s'attacheront plus alors à améliorer par l'élevage les espèces canines, chevalines ou félines ; ils chercheront à améliorer la race humaine (...) »[198], et il faut ajouter : par la médiation de la race aryenne, bien sûr, car elle est « la meilleure et la plus forte »[199] et elle exige en conséquence (elle « doit », au nom de la nature, exiger) « la subordination des mauvais et des faibles »[200].

---

[194] *Idem*, p. 381.
[195] *Idem*, p. 396.
[196] *Idem*, p. 400.
[197] *Idem*, p. 402.
[198] *Idem*, pp. 403-404.
[199] *Idem*, p. 381.
[200] *Ibidem*.

On ne comprend pas le nazisme tant qu'on s'étonne encore qu'il n'ait pas, dans son projet le plus extrême d'extermination, *au moins* épargné les enfants. *Même* les enfants ? Cette question est naïve dans la perspective nazie car pour le nazisme, c'est plutôt cette expression qui convient : « *Surtout* les enfants ! ». Les enfants, en effet, ne sont-ils pas la promesse de l'avenir d'un peuple ? C'est pourquoi les enfants furent visés par l'extermination, sans le moindre état d'âme.

Mais que faire précisément avec ceux de la race aryenne qui ne sont pas handicapés, entendons qui sont adaptables à la réalisation du projet nazi ? « Le but est d'être nous-mêmes ce que nous avons à être (...) »[201] et, en conséquence, « nous nous voulons nous-mêmes ». Voilà qui est on ne peut plus clair. Il n'y a rien à *inventer* (d'où le fait qu'il n'y a pas d'Histoire) : dans une perspective naturaliste où la race est le point de départ et le point d'arrivée, il faut et il suffit d'aider la race à déployer son potentiel. Mais parmi les individus de cette race prédestinée à dominer toutes les autres, s'en trouvent certains qui sont aptes à commander, d'autres qui sont simplement aptes à obéir. Ainsi la hiérarchie des valeurs touche-t-elle, outre les races les unes par rapport aux autres, également les individus à l'intérieur d'une même race, cette race fut-elle la plus élevée. C'est ainsi qu'Hitler mentionne qu'il faut « avoir soin d'assigner à l'individu le genre d'activité qui convient à ses capacités, ou, en d'autres termes, de donner aux divers dons l'éducation correspondant aux tâches qui les attendent » [202] . C'est l'institution qui doit être à même de repérer, quelle que soit la classe sociale d'appartenance, qui est fait pour obéir et qui est fait pour commander (à l'image du guide absolu mais inégalable : le *Führer* en personne).

Concernant l'éducation nazie, H. Hannoun a raison de dire que « l'expression, *éducation* nazie, est contradictoire »[203] et qu'il convient plutôt de parler de *dressage*. Précisément, il fait remarquer que « si l'éducation consiste en l'aide apportée à un

[201] Heidegger, *Discours du Rectorat* du 27 novembre 1933.
[202] *Mein Kampf*, p. 433.
[203] p. 105.

enfant ou un adulte pour qu'il parvienne lui-même à dépasser son état présent et atteindre un état nouveau estimé préférable, cette évolution suppose et réclame sa perfectibilité, la possibilité, pour lui, de devenir autre qu'il est. (...) Or l'idéologie nazie pose comme figée définitivement la « nature » aryenne (ou non-aryenne) de l'éduqué. En elle, la perfectibilité cède la place à la prédestination. L'individu demeure enfermé dans le carcan d'une « nature » innée, figée, d'où il ne peut s'extraire »[204]. Ainsi, on éduque et on instruit un *homme*, on dresse un *animal*. Eduquer, c'est conduire à l'autonomie, ce qui suppose bien la reconnaissance et la valorisation de la liberté ; instruire, c'est aider à l'accès de soi au niveau du plus humain en l'homme ; tandis que dresser, c'est *forcer* à déployer ce qui rendra l'individu adaptable à une fonction (pré-)déterminée et qui est regardé comme étant déjà là, en germe ; c'est donc préparer à *servir* un but qui n'est pas le sien propre, auquel on est jugé potentiellement apte dès sa naissance.

Il s'agit donc bel et bien de consentir au sacrifice de soi au nom de la race et de l'Etat qui en est l'objectivation politique. Dans *Mein Kampf* on peut lire précisément : « Il faut enfoncer dans les jeunes cerveaux encore malléables ce principe d'airain : qui aime son peuple ne prouve son amour que par les sacrifices qu'il est prêt à s'imposer pour lui »[205]. Kant dirait là que le dressage réduit le dressé à un « moyen », alors que la morale exige précisément qu'autrui soit toujours reconnu fondamentalement comme une « fin » (la sienne propre, déterminée librement).

La race aryenne étant ainsi soi-disant prédestinée à dominer l'ensemble des autres, ce qui ne pourra se faire sans la guerre contre tous, les institutions de dressage devront se soucier avant tout et surtout de développer les *puissances du corps*, à savoir le « substrat anatomo-physiologique, voire génétique »[206] ; dans *Mein Kampf*, Hitler définit le corps comme « du matériel humain donné »[207]. Hitler parle d'abord des garçons : « L'avenir

[204] *Le Nazisme, fausse éducation, véritable dressage*, p. 179.
[205] p. 425.
[206] *Idem*, p. 30.
[207] p. 407.

de la race exige des corps bien trempés, agiles, virils »[208]. Pour ce qui est des filles, comme on peut facilement s'en douter, « il ne faut jamais perdre de vue que le but de l'éducation féminine doit être de préparer à son rôle la future mère »[209].

Soit. Voici des corps prêts à leurs fonctions respectives prédéterminées. Mais ces corps ne devront-ils pas avoir aussi, chacun, une tête capable de les commander ? De commander des actions ? Ce que le nazisme demande à ces corps, on l'a vu, c'est, en fonction de sa « nature » innée, soit d'*obéir*, soit de *commander*. Or les chefs ne doivent pas penser davantage que ceux qui ne sont faits que « pour » obéir. Ils doivent être des décideurs. Ils doivent vouloir et agir. Mais… sans réfléchir ! On accordera, ici, qu'on est en pleine contradiction dans la mesure où il n'y a pas de volonté sans pensée mais que de la pulsion, et pas d'action sans réflexion mais que de la *ré*action ! Et pour cause, il faut surtout, pour les chefs nazis, qu'ils veuillent s'affirmer comme *vouloir*. On ne peut s'empêcher, ici, de penser au sombre concept nietzschéen de « volonté de puissance ». Voici ce que l'on lit précisément dans *Mein Kampf* : « L'Etat raciste (…) s'attachera à obtenir, par un élevage approprié, des corps foncièrement sains. La culture des facultés intellectuelles ne viendra qu'en seconde ligne. Mais, ici même, le but principal sera la formation du caractère, notamment le développement de la force de volonté et de la capacité de décision »[210]. Concrètement, à ceux qui sont faits pour obéir, les chefs doivent donner des ordres, car « il vaut mieux donner un ordre quelconque que de n'en pas donner du tout »[211], précise Hitler.

---

[208] Hitler, au Congrès de Nuremberg du 14 septembre 1935.
[209] *Ibidem*.
[210] pp. 406-407.
[211] *Idem*, p.415.

La misologie

« Toute violence, par-delà le meurtre du prochain, poursuit son propre suicide ».
(G. Gusdorf, La Vertu de Force[212]*)*

Nous l'avons dit, mais c'est une évidence : la haine de l'homme est forcément la haine de la liberté et la haine de la pensée, et inversement. Lorsque l'on évoque l'entreprise de déshumanisation du nazisme, on songe d'emblée à ses victimes. C'est là qu'elle est la plus flagrante. Il faudra y revenir. Mais il importe, préalablement, de pointer que le processus de déshumanisation a visé d'abord les bourreaux (au sens large du terme : les actifs, zélés, comme les passifs, consentants ou simplement abandonnés à leur lâcheté).

L'objectif, ici, n'est pas de présenter les bourreaux comme non responsables et, en conséquence, comme non coupables de leurs actes. Il est incontestable que beaucoup d'entre eux ont subi un endoctrinement puissant qui devait les conduire à regarder comme « normales » les pires actions. Pourtant, nous l'avons vu, à l'aune de la morale qui est d'une sévérité absolue (*inconditionnelle*, dit Kant), et à l'aune de ce qu'elle définit elle-même comme ce que doit faire (et ne pas faire) un homme pour être véritablement un homme (tandis qu'en retour, c'est l'humanité elle-même qui pose la morale, celle-ci se posant donc elle-même, tout autant que l'humanité), tout bourreau est coupable car avant de le devenir il ne l'était pas. Entendons par là que la morale demande, outre qu'il ne soit jamais trop tard pour être moral, qu'il n'y ait jamais le moindre délai pour l'être, car toujours pèse sur les consciences ou les corps (comme conditions matérielles des premières) le risque que les conditions de la moralité se trouvent empêtrées. H. Arendt ne pointe-t-elle pas, dans *Eichmann à Jérusalem*, que, face à la résistance du Danemark, la certitude des Allemands de faire ce

[212] PUF, Paris, 1967, p. 80-83.

qu'il fallait, avec la déportation des Juifs vers les camps de la mort, « fondit comme beurre au soleil »[213] ?

Il y eut de véritables héros du côté des Allemands, de leurs alliés ou des habitants des pays occupés : le sergent allemand Anton Schmidt, fusillé en 1942 pour avoir, en Pologne, aidé des partisans juifs, la petite douzaine de policiers (sur près de cinq cents) du 101e bataillon de réserve qui, sous la proposition de leur commandant, refusèrent spontanément de procéder aux tueries programmées à Jozefow en Pologne, etc. Mais, comme le note très justement H. Arendt dans *Eichmann à Jérusalem* : « (...) comme tout serait différent aujourd'hui dans cette salle, en Israël, en Allemagne, dans toute l'Europe, peut-être même dans tous les pays du monde, si seulement on avait pu raconter d'autres histoires de ce genre ! »[214].

Ainsi le dressage nazi, conformément aux principes de l'idéologie nazie, favorise-t-il le développement du corps au détriment de l'esprit ; des pulsions, des forces... plutôt que de la raison. H. Hannoun parle à juste titre de « l'anti-intellectualisme nazi »[215]. Le « dresseur » ne sollicite pas la raison ; il *soumet* proprement ses « élèves ». Pour ce qui est des sentiments, déjà moins primaires que les pulsions, si le « dresseur » les nourrit, ce ne sont que les sentiments qui ne sont pas regardés comme efféminant, telle la compassion par exemple. Un des sentiments les plus prisés par le nazisme est la fierté patriotique (nationaliste et raciste). Hitler ne demandait pas un peuple instruit mais un peuple qui « marchât » (comme marchent les machines) à la passion fanatique. L'attitude *fanatique* est un idéal de l'idéologie nazie. Dans *Mein Kampf*, on lit : « Les plus grands bouleversements qui se sont produits sur cette terre auraient été inconcevables si leurs ressorts avaient été, au lieu de passions fanatiques voire hystériques, les vertus bourgeoises qui prisent le calme et le bon ordre »[216]. Et plus loin : « L'avenir d'un mouvement est conditionné par le fanatisme et

---

213 Traduction A. Guérin, M.I. Brudny-de-Launay, Gallimard, Paris, 1997, p. 285.

214 pp. 374-375.

215 *Le Nazisme, fausse éducation, véritable dressage*, p. 29.

216 p. 426.

l'intolérance que ses adeptes apportent à le considérer comme le seul mouvement juste »[217].

D'où l'importance accordée dans l'Etat nazi à la propagande, laquelle eu droit à son Ministère. Tel est ce que l'on peut lire dans *Mein Kampf* : « Toute propagande efficace doit se limiter à des points forts peu nombreux et les faire valoir à coups de formules stéréotypées aussi longtemps qu'il le faudra pour que le dernier des auditeurs soit à même de saisir l'idée »[218]. L'idée ? Beaucoup dire ! Et qui, le dernier auditeur ? « Le plus borné »[219] (en vérité, certainement le moins malléable !).

Aussi inquisiteur que l'œil de l'Inquisiteur, l'œil du nazisme surveille… Aucun esprit ne doit demeurer un esprit. Entendons : aucune résistance critique ne doit se manifester ; la foi aveugle, exaltée, dans la parole du Führer et de ses porte-parole, doit habiter tous les cerveaux. Hitler précise justement : « Il est absurde de croire que le droit de surveillance sur ses jeunes citoyens cesse pour l'Etat au moment où ils quittent l'école pour ne rentrer en vigueur qu'au moment où ils font leur service militaire. Ce droit est, en réalité, un devoir permanent »[220].

Le peu de pensée qui reste, dans le programme global nazi, est une pensée *utilitaire*. Point de valeur accordée à la pensée *désintéressée* qui fait l'humanité de l'homme : la science, l'art, la philosophie doivent servir la cause nazie. Ce qui indique clairement que le nazisme ne comprend rien à ces activités. C'est qu'il ne comprend rien au sens de l'universel. Un exemple significatif : J. Stark, nazi, prix Nobel de physique en 1919, publie, en 1941, un ouvrage intitulé *La physique juive et la physique allemande* ! De même, un autre nazi et autre prix Nobel de physique (1905), publie un ouvrage intitulé *Physique allemande,* dans lequel il vise à fonder une… physique aryenne ! Et ça n'est pas une blague.

---

[217] *Ibidem.*

[218] p. 445.

[219] *Ibidem.*

[220] *Idem*, p. 411.

L'extermination[221] ou « l'éclipse de l'Humain »[222]

« Affolée par le délire infini de l'extermination,
la haine survit à la mort de l'ipséité haïe,
piétine son cadavre, s'acharne contre sa descendance,
tente rageusement de nihiliser ses moindres traces
et jusqu'à son ultime souvenir ».
(V. Jankélévitch, L'Innocence et la méchanceté[223])

Les témoignages et travaux d'historiens sont abondants qui rendent compte de l'abomination aux mille facettes de la Shoah, tant par balles que par chambres à gaz. Assurément, tout (et bien plus) ce que l'homme peut imaginer de pire a trouvé sa réalisation, ici ou là, dans le cadre du projet d'extermination du peuple juif poursuivi par le nazisme. Mais restons aux principes : la Shoah est proprement l'entreprise de la *déshumanisation* de l'homme.

Certes, les nazis ont regardé les Juifs, dès l'abord, comme des moins que rien. Il faut alors se demander pourquoi ils ont éprouvé la nécessité de les *rendre* moins que rien ! En fait, les nazis se sont attachés à *rendre* les Juifs conformes à l'idée qu'ils s'en faisaient ; ce qui indique bien qu'ils savaient parfaitement, sur le fond, qu'ils avaient affaire à des hommes. La culpabilité est entière, même pas négociable avec l'argument selon lequel les nazis n'avaient pas le sentiment d'assassiner des hommes mais seulement de débarrasser le monde de vers, de poux, de le purger d'un poison, de le désinfecter de bacilles, de le sauver d'une maladie mortelle (d'une sorte de tumeur à extirper, de la peste...)[224], la terminologie nazie, concernant les

---

[221] *Vernichtung* ou *Ausrottung.*

[222] R. Draï, *Identité juive, identité humaine*, Armand Colin, Paris, 1995, p. 412.

[223] p. 130.

[224] Tous ces mots sont tirés de *Mein Kampf.*

Juifs, étant très souvent orientée vers la prophylaxie[225]. Race oblige !

Parquer dans des ghettos ou des dits camps de transit et y abandonner des hommes, des femmes et des enfants de tous âges, pendant des jours interminables, à la faim, au froid, à la maladie, au désespoir… ; déporter les survivants, en les entassant dans des wagons à bestiaux, pour un voyage sans eau, sans nourriture, sans air, dans des conditions de totale promiscuité, puis les « accueillir », au terminus, avec des cris, des coups et des chiens dressés à mordre ; dépouiller de l'intégralité de ses biens [226], y compris de ses propres vêtements ; sélectionner, en déchirant les familles, d'un côté les jugés aptes au travail, de l'autre les déjà « bons » pour la chambre à gaz (les vieillards, les enfants, les fragilisés), en poussant ces derniers, le plus souvent, dans des camions, avant, devant la chambre à gaz, de les en expulser comme de vulgaires marchandises jetées sur le sol ; pis : « On ne demande pas aux victimes de descendre du camion, on soulève l'avant du véhicule et on les fait tomber comme on ferait tomber de l'ordure »[227] ; puis entasser les victimes dans les chambres à gaz, les gazer puis, après leur avoir arraché les dents s'ils en avaient en or, les carboniser dans des fours crématoires, tandis que les sélectionnés pour le travail, en attendant une mort similaire, subissaient la « tonte » et la perte de leur nom remplacé par un matricule tatoué sur le bras comme on tatoue les bêtes destinées, au final, à l'abattoir. Puis la faim, la soif, le froid, l'épuisement, la douleur physique et la souffrance morale… générés par des conditions de vie épouvantables, les insultes et les humiliations incessantes. A l'Est, la technique de néantisation fut différente. Après force humiliation, une balle

---

[225] « La juiverie est une infection contagieuse » (phrase tirée du discours de Goebbels, prononcé le 18 février 1943 au Palais des Sports de Berlin). Etc.

[226] « La règle est simple : il convient de tout leur prendre. C'est la dernière étape d'un processus que les nazis ont nommé « aryanisation », c'est-à-dire passage de biens de mains juives aux mains dites « aryennes (…) » (A. Wieviorka, *Auschwitz, 60 ans après*, Laffont, Paris, 2005, p. 155).

[227] *Des Voix sous la cendre*, p.13.

dans la nuque puis la chute dans la fosse-charnier bourrée de cadavres défigurés.

Il s'agissait, pour les nazis, d'abord de réduire les hommes à des corps, ce que l'ordre de mise à nu, la tonte des cheveux et le tatouage du matricule contribuaient très bien à faire ; de rendre donc ces corps de purs corps ; entendons : des corps sans visage mais pourvus simplement d'une tête, laquelle n'est qu'une des extrémités d'un corps. Sans parler de la douleur sans cesse provoquée sur ces corps ! Dans *Par-delà le Crime et le châtiment*, J. Améry note combien, dans la torture, « la coïncidence de l'homme et de sa chair devient totale »[228] ; ainsi dit-il plus loin pertinemment : « (...) la torture est la plus effroyable de toutes les célébrations du corps »[229].

Mais les yeux de la tête devaient également disparaître, à travers l'interdiction formelle, systématique, pour les victimes, de regarder leurs bourreaux dans les yeux. Des corps sans visages donc, et sans paroles. C'est que dans les camps, « il n'y avait pas de pourquoi », pour reprendre la formule que P. Lévi s'était entendu dire alors que, arrivant à peine dans un des camps d'Auschwitz, il s'était étonné qu'un gardien lui arrachât un glaçon qu'il venait de trouver sur le rebord d'une fenêtre et avec lequel il souhaitait se désaltérer[230] ! De toute façon, très vite les détenus n'avaient plus d'autres pensées, dans leur tête, que celles qui tournent autour de la survie, au même titre que les bêtes. « Elle fait de toi son esclave, toutes tes pensées se mettront à son service, et plus rien d'autre n'existera pour toi », tels sont les propos sur la faim, du détenu Z. Gradowski, rapportés dans l'édition des manuscrits des *Sonderkommandos* d'Auschwitz-Birkenau[231]. Ainsi le vocabulaire réservé par les bourreaux à leurs victimes était-il celui relevant du registre des animaux : *fressen* (se nourrir) à la place de *essen* (manger), *enden* (crever) à la place de *sterben* (mourir), etc.

---

228 Traduction F. Wuilmart, Acte Sud, Paris, 1995, p. 82.
229 *Idem*, p. 83.
230 *Si c'est un homme*, traduction M. Schruoffeneger, Julliard, Paris, 1987 p. 29.
231 p. 511.

De bêtes, ces corps d'humains sans visages, sans regard et sans pensées devaient finir par devenir des *choses* exploitables : de la « matière à SS », pour reprendre une expression de R. Antelme dans *L'Espèce humaine*[232] et, en-deçà, de l'engrais, du tissu…, jusqu'à néantisation totale. De bêtes à des choses, de choses à de la pure matière (de la cendre ou de l'os broyé). Pas de sépulture. Rien. Cela était d'ailleurs un ordre ! Dans *Des Hommes ordinaires*, C.R. Browning expose l'ordre précis diffusé par un colonel d'un régiment de police à ses hommes : « Les fosses seront arasées de manière à éviter qu'elles deviennent des sites de pèlerinage »[233].

En vérité, les personnes ainsi anéanties (qui n'étaient plus personne) devaient devenir des « comme n'ayant jamais existé ». L'obsession, à un certain moment, d'annuler toute trace du crime, outre de relever de la volonté de cacher le crime aux « yeux » du monde (les nazis avaient donc bien, encore une fois, la conscience du crime !), relève aussi de la logique du programme d'extermination : il s'agissait de rendre le peuple juif comme n'ayant jamais existé, de le rayer du monde présent, futur, mais aussi passé. Dans le prolongement de la Shoah, le *négationnisme*[234] vise à réussir ce qu'Hitler n'a pas réussi à réaliser : nier le crime, donc nier les victimes, et empêcher leur survie d'humains au moins dans la mémoire de l'humanité.

Si l'ensemble de la Shoah est une immense entreprise d'*humiliation* de l'homme, les *humiliations particulières* inventées pour renchérir et rire n'ont pas manqué. Elles sont certainement l'élément le plus ignominieux, car la volonté d'humilier (pour renchérir et rire) est toujours le signe d'un *plaisir* à faire mal et à faire le mal. Nous ne résistons pas, tant il est représentatif, à rapporter cet épisode immortalisé par Gradowski dans ses manuscrits enterrés à Birkenau : « Vois, mon ami, là-bas, (…), une masse noire allongée bougeant à peine et entourée de grandes ombres noires qui se penchent constamment sur la masse se traînant sur le sol pour frapper

[232] *Des Voix sous la cendre*, Gallimard, Paris, 1957, p. 40.
[233] Traduction Elie Barnavi, Editions Tallendier, Paris, 2007, p. 52.
[234] Nous nous permettons, ici, de renvoyer à notre *Réflexions sur la question négationniste*, L'Harmattan, Paris, 2008.

avec quelque chose sur des têtes profondément baissées. On ne sait ce que cela représente vraiment. Sont-ce des animaux qu'on fait avancer ou des êtres humains qui ont perdu la moitié de leur taille ? (...) Ah, mais c'est une masse de milliers et de milliers de Juifs, jeunes et vieux, qui se trouvent sur le chemin (...). Ils ne marchent pas mais se traînent à quatre pattes. Ainsi l'a ordonné le jeune bandit qui tient entre ses mains le sort de leur vie et de leur existence. Il voulait voir de ses propres yeux l'horrible spectacle de la transformation d'une énorme masse humaine en animaux »[235].

Cette forme (pour renchérir et rire) d'humiliation transforme les crimes en jeu et en spectacle. Les nazis et leurs serviteurs zélés ne riaient certainement jamais autant que lorsqu'ils trouvaient à sophistiquer la mise en scène de la « démolition de l'homme »[236]. Si une telle démolition est le mal absolu, *la mise en scène* d'une telle démolition double ce mal d'une *perversion*, et l'humiliation *pour renchérir et rire* qui commande telle ou telle mise en scène visant à se mettre soi-même, en tant que bourreau, en posture de pouvoir rire de l'autre est assurément ce au-delà de quoi le mal ne peut plus aller. *Le Livre noir*[237] est rempli du témoignage de ces actions sinistres perpétrées par les nazis pour renchérir et rire ! De la barbe des vieillards coupées aux meurtres les plus féroces : celui de ces Juifs « conduits dans l'atelier de tannage de l'usine où on les obligea à sauter dans les énormes fosses remplies d'extrait d'acide tannique »[238] ; pour les Allemands acteurs de ce crime, il s'agissait d'une « plaisanterie »[239] ; ils disaient qu'ils « tannaient de la peau de Juif »[240]. Ou encore, le meurtre de ce vieillard finalement égorgé avec sa femme, qui s'était évanoui alors qu'un Allemand, visant à « se divertir »[241], lui avait demandé de lui

[235] *Des Voix sous la cendre*, p. 44.
[236] *Si c'est un homme*, p. 26.
[237] Solin-Actes Sud, Paris, 1995.
[238] p. 85.
[239] *Ibidem*.
[240] *Ibidem*.
[241] *Idem*, p. 86.

faire une démonstration de l'abattage rituel de la viande sur les trois jeunes enfants de sa voisine. Etc.[242]

A côté des actes d'humiliation pour jouir de la souffrance (perversion) ou pour en rire, le *cynisme* se présente aussi comme une forme extrême du mal. Le cynisme ne consiste pas tant à rire de l'autre devant lui qu'a rire de lui entre soi (les bourreaux) en jouissant du savoir que l'on a du sort de l'autre tandis que ce dernier l'ignore. Evoquons, par exemple, le nom donné par les Allemands au chemin, à Treblinka, qui menait directement les victimes du train à bestiaux à la chambre à gaz : *Himmel-strasse* (la voie céleste). Ou encore, les mots prononcés lorsque le temps nécessaire au gazage était écoulé et que les bourreaux s'approchaient pour « écouter ce qui se passait à l'intérieur » : « *Alles schläft* » (Tout dort)[243]. Dernier exemple : ces propos, rapportés par K. Gerstein dans son célèbre rapport, d'un SS aux personnes juives qui allaient entrer dans la chambre à gaz : « Il vous n'arrivera rien que vivement respirer, cela fait forts les poumons, cette inhalation, c'est nécessaire contre les maladies contagieuses, c'est une belle désinfection ! »[244].

Un autre côté (combien y en a-t-il ?) de cet *au-delà de quoi le mal ne peut plus aller* est assurément, d'une part de décourager autrui d'être bon (par exemple en abusant de sa gentillesse), d'autre part de contraindre au mal celui qui y résistait ou seulement qui n'était pas parti pour le faire. Que l'on songe, ici, à ce passage d'un rapport de V. Nahoum-Grappe, relatif aux entreprises d'épuration ethnique déployées en ex-Yougoslavie dans les années 90 du siècle dernier, où il est question d'enfants jetés dans des bétonnières et dont les mères se trouvaient littéralement forcées d'appuyer sur le bouton qui allait mettre en marche la machine devenue cruellement meurtrière ! Tout un symbole. Mais avant tout : une terrible réalité.

---

[242] Ces exemples sont pris des témoignages (réunis par I. Ehrenbourg et V. Grossman) relatifs à l'assassinat de Juifs de Berditchev en Ukraine.

[243] Rapporté par L. Poliakov dans *Le Procès de Jérusalem*, Calmann-Lévy, Paris, 1999.

[244] Rapporté dans le français de l'auteur.

Mais pour rester dans le contexte qui fait ici précisément l'objet de notre réflexion, référons-nous à ce phénomène que P. Levi regarde comme « le crime le plus démoniaque du national-socialisme »[245], à savoir la création d'équipes de *Sonderkommandos*, constituées de ces victimes des camps, majoritairement juives, en charge de toute la maintenance de l'extermination (conduite des juifs dans les chambres à gaz, arrachage des dents en or, incinération des corps gazés…). La constitution de ces équipes visait à « déplacer sur d'autres, et spécialement sur les victimes, le poids de la faute, de sorte que pour les soulager, il ne leur restait même pas la conscience de leur innocence »[246]. Ainsi a-t-il été possible de voir un jour, comme dans une gentille fête de village, mais pourtant dans l'enfer d'un camp, une partie de football opposant les membres du Sonderkommando et des représentants des SS. P. Levi commente : « Derrière cet armistice, on lit un rire satanique : « C'est consommé, nous y sommes arrivés (…). Nous vous avons entraînés jusqu'au fond avec nous (…). Vous êtes comme nous : salis de votre sang comme nous. (…) Venez, nous pouvons jouer ensemble »[247].

---

245 *Les Naufragés et les rescapés*, traduction A. Maugé, Gallimard, Paris, 1989, p. 53.

246 *Ibidem*.

247 *Idem*, p. 55.

L'antisémitisme (nazi)

« (...) haïr les juifs (...),
c'est se donner la permission de haïr le genre humain
dans la personne des juifs.
L'antisémitisme est le prétexte et l'excuse
de la méchanceté en général (...) ».
(V. Jankélévitch, L'innocence et la méchanceté[248]*)*

Comme cela est clairement apparu et comme l'a très justement écrit V. Klemperer, « le Juif est l'homme le plus important dans l'Etat de Hitler »[249], de sorte, considère l'auteur, qu'il n'est pas trop de dire que « l'antisémitisme des nationaux-socialistes n'est pas une application particulière de leur racisme général, mais (...) qu'ils n'ont emprunté et développé la doctrine générale de la race que pour fonder l'antisémitisme de manière durable et scientifique »[250].

Il n'y a bien sûr pas de *raison* à l'antisémitisme (pas davantage que, comme on l'a vu, pour la judéophobie de fondement religieux), dans le sens où rien de ce qui peut être avancé pour le justifier n'est rationnel ; ni *rationnel* (sens) ni *véridique* (objectivement fondé). Remarquablement significative, cette phrase d'une femme répondant à celle d'un médecin (« Je voudrais le torturer »), concernant Dreyfus en pleine « affaire », à savoir : « Je voudrais qu'il fût innocent, comme cela il souffrirait davantage »[251]. Dans *L'Innocence et la méchanceté*, à ce propos, V. Jankélévitch tranche en disant : « (...) le méchant hait sans aucune raison. (...) On peut donc bien dire : c'est l'absence de raison qui est la raison ; à condition d'ajouter : même l'absence de raison n'est pas une

---

248 pp. 147-148.

249 *La langue du Troisième Reich,* traduction E. Guillot, Pocket-Agora, Paris, 1998, p. 231.

250 *Ibidem.*

251 Rapporté par H. Arendt dans *Sur l'antisémitisme*, note 65, p. 191.

raison puisqu'il n'y a aucune raison, cette raison fût-elle déraison »[252].

Mais s'il n'a pas de raison, l'antisémitisme par contre, a des *causes*. Précisément, il est toujours motivé, provoqué par des éléments (dont on tolère le déploiement) qui sont de l'ordre de la passion (peur, haine, lâcheté…), voire de la pulsion. En effet, nous avons déjà pointé ce qui se jouait derrière le projet d'extermination du peuple juif, à savoir une hargne à détruire *l'humanité de l'homme*, le plus humain en l'homme, y compris le plus humain en l'homme qui se trouve chez le théoricien du nazisme ou chez les chefs nazis ou encore chez les exécutants de leurs ordres. Il y a donc, toujours, une véritable haine de soi chez tout antisémite. Une haine qui s'inscrit à l'opposé de la pudeur, proprement humaine, laquelle est admirablement définie par V. Soloviev comme « la honte d'*avoir* une vie biologique quand on *est* une vie spirituelle »[253]. Le nazisme et l'antisémitisme sont proprement, et au sens fort, *impudiques* [254]: ils indiquent la honte d'*être* une vie spirituelle quand on *a* une vie biologique.

Jankélévitch va plus loin. Pour lui, la haine de soi et de l'autre, la haine tout court, n'est même pas la *cause* du mal radical. Selon lui, la haine reste l'énigme du mal. *Haine*, ce « monosyllabe »[255], selon le terme du philosophe, est « presque un silence »[256] ; entendons : c'est un mot « inexplicable »[257] car il renvoie à une manière d'être en direction d'autrui et de soi, inexplicable. Inexplicable parce que rien ne peut justifier la haine ou parce que rien ne *doit* pouvoir la justifier ? Position éthique : la haine est la non-raison et la non-cause au fondement du mal ; ce qui signifie que rien ne peut justifier le mal ; et pourtant il est *fait*.

---

[252] p. 127.

[253] Rapporté par V. Jankélévitch dans *L'Innocence et la méchanceté*, p. 456.

[254] On ne répétera jamais assez qu'il y a du pornographique dans le nazisme, comme il y a du nazisme dans le pornographique ; comme il y en a aussi dans tous les aspects de la vie contemporaine fondés sur le culte du corps. Effrayant !

[255] *Idem*, p. 131.

[256] *Ibidem.*

[257] *Ibidem.*

Se pose bien évidemment, ici, la question de savoir pourquoi les Juifs peuvent être regardés comme incarnant, par le contenu de leur civilisation et les moments clefs de leur histoire, l'humanité de l'homme (présente en tout homme dès lors que celui-ci ne s'acharne pas à s'en expurger lui-même).

On notera d'abord que le peuple juif a proprement inauguré *la libération de l'esprit de son enfermement dans la matière*, et ce, en pensant le divin à l'opposé du paganisme antérieur, à savoir comme un Dieu *transcendant*. Dieu, avec le judaïsme, s'est en effet retiré du monde pour y laisser l'homme *libre*. Le Dieu du judaïsme n'est pas partout ; il n'est « que là où on le laisse entrer », pour reprendre les mots subtils de Menahem Mendel de Kotz[258] ; et il faut insister : là où l'homme le laisse *librement* entrer. Du même coup, le judaïsme apporte la *pensée de l'éthique*, symbolisée par le *Décalogue* ; ce qui est bien compréhensible dans la mesure où quand la liberté trouve place, l'éthique suit, comme exigence de cette liberté même. Il est tout de même remarquable que, en dépit de sa « vision du monde » dessinée par l'obsession de la race, le nazisme ait visé le judaïsme moins comme une race que, précisément, comme un *esprit*. Le judaïsme, pour le nazisme, ce n'est pas de la vie biologique, c'est du spirituel ! La cible profonde du nazisme, c'est l'esprit juif (l'esprit en tant que *juif* ?). Ainsi, dans son *Testament politique*, Hitler précise qu'« il n'y a pas à proprement parler de race juive »[259], mais que « la race juive est, avant tout, une race mentale »[260] ! G. Bataille a noté avec justesse, dans un article paru dans la revue *Critique* en 1947, qu'« à Auschwitz, c'était la raison qui souffrait dans la chair des Juifs »[261].

Conséquemment, avec le judaïsme, le divin cesse d'être *géographique* pour devenir *historique* : c'est-à-dire que Dieu ne règne plus sur un peuple (une culture, une cité...)

---

[258] (17 87), 1859.

[259] Rapporté par H. Hannoun dans *Le Nazisme, fausse éducation, véritable dressage*, p.67.

[260] *Ibidem.*

[261] *Oeuvres complètes*, Tome XI, Gallimard, Paris, 1988, p. 228.

géographiquement situé, mais il regarde (ou écoute ?) les hommes déployer une histoire. Et ce, indéfiniment, comme l'exige la liberté véritable, laquelle se fixe des fins mais surtout pas de terme. Ainsi le peuple juif *attend*-il. Il attend la *réconciliation des peuples* ; non pas l'uniformisation de la diversité, mais bien la réconciliation dans la diversité riche (le judaïsme, on l'a vu, ne cherche aucunement à convertir). Mais cette attente n'est pas passive car elle se définit comme dépendante, quant à sa finalité, de l'*action* même, morale, des hommes : les Juifs attendent le messie ; et le plus important, dans cette phrase, ce n'est pas tant le *messie,* qu'ils *attendent* (activement), quoique le complément d'objet du verbe, ici, parle tout de même de la visée : elle est bien de nature morale (et politique) : éthico-politique. Rien n'est figé, rien n'est définitif avec le judaïsme : même les « dogmes » font (doivent faire) l'objet d'incessants commentaires…

On accordera que le peuple juif, conscient de son propre apport à l'humanité (comme les Grecs ont été conscients d'apporter la philosophie, etc.), ont pu se déclarer « peuple élu ». Election qui va à l'opposé, radicalement, du phantasme d'élection hitlérien de la race aryenne (race élue pour l'affirmation d'elle-même *contre* toutes les autres et, donc, élection devant conduire, outre à la guerre, à la domination violente des uns et à l'extermination des Juifs). Avec le judaïsme, la visée est *universelle* : elle est pour tous ! Pour tous, la conscience de la liberté de l'homme, de son historicité, de sa responsabilité et de sa moralité comme exigence permanente.

Mais le problème est bien là : tous ne veulent pas de cette conscience car elle fait peur : la liberté, c'est exigeant, c'est difficile, pour reprendre le titre d'un recueil de textes de Levinas. Etre libre, c'est exiger de soi d'être son propre guide conscient, son propre juge permanent, et préserver ainsi l'humanité qui se trouve en soi (sans Führer qui me dise où aller, sans race qui me pousse où je vais). Il est évident qu'il n'y a pas de liberté sans pensée, et inversement. Liberté et pensée sont les deux faces de la transcendance de l'humanité. C'est tout cela qui a failli périr dans les camps de la mort. Failli ? Il n'est pas certain que chaque homme, depuis la Shoah, ne soit pas condamné à porter une partie de lui-même en cadavre, comme les acteurs de certaines mises en scène du polonais Tadeusz Kantor, encombrés chacun d'un mannequin inerte : *La Poule d'eau* (1967) de S. Witkiewicz et *Les Cordonniers* (1970) du même auteur et, bien avant, en 1944, *Balladyna* (1834) de J. Slowacki. En tout cas, il est sûr que « le *Yiddishland*, le cœur de la judaïcité européenne, sinon mondial, n'est plus. A tout jamais »[262].

---

[262] Article de J. Kotek et M. Steinberg, dans le *Recueil de la 11e Université d'été du Mémorial de la Shoah à Paris* (2010).

L'énigme du pardon

« Aucune méchanceté n'est trop révoltante
pour l'immensité du pardon ;
mais aucun pardon n'est assez grand
pour pardonner à l'insondable méchanceté.
Le débat n'aura donc jamais de fin ».
(V. Jankélévitch, L'Innocence et la méchanceté[263]*)*

Nous nous engagions à tenter de *comprendre* le mal. Envers et contre le risque, supposé par certains, que cette compréhension ne conduise à la conclusion du bien-fondé de la posture *compréhensive*. Qu'est-ce qu'être *compréhensif* ? Le compréhensif s'écarte de deux écueils : le *rejet radical* et l'*indifférence commode*. On peut ainsi la définir comme la *reconnaissance* de l'humanité de l'autre, quel qu'il soit, et de son caractère *perfectible*.

L'ethnologue Lévi-Strauss exprime de façon très claire comment il faut comprendre, *d'une manière générale*, la reconnaissance *authentique* de l'altérité. Dans *Race et Histoire*, s'intéressant au cas particulier des relations humaines interculturelles, il note que si *rejeter* franchement certaines cultures en les désignant comme ontologiquement inférieures ou comme historiquement retardées constitue une intolérance flagrante (il n'y aurait en effet, dans cette perspective « ethnocentrique », qu'une seule façon d'être qui soit valable : la sienne), accepter ces autres cultures sans faire l'effort de les *rencontrer* pour apprécier le contenu distinct de leur différence d'avec soi et en leur reconnaissant d'emblée une valeur propre mais sans y regarder de près, constitue également une intolérance, quoique maquillée ; Lévi-Strauss dit précisément, sur ce dernier point : « La tolérance n'est pas une position contemplative, distribuant les indulgences à ce qui fut ou à ce

[263] p. 173.

qui est. C'est une attitude dynamique, qui consiste à prévoir, à comprendre et à promouvoir ce qui veut être »[264]. L'autre authentiquement reconnu se retrouve ainsi précisément en posture de *prochain* : différent de moi mais pas radicalement étranger.

Ainsi devons-nous nous poser la question de savoir si nous *devons* (si la morale l'exige de soi) reconnaître le bourreau, le coupable de crime contre l'humanité, comme un prochain.

Il est différent de « moi », certes, en tant que je ne me suis pas retrouvé à cette place de bourreau (parce que les circonstances ne m'ont pas exposé au risque de devoir y résister pour ne pas m'y retrouver[265] ou parce que j'ai choisi d'y résister et ai réussi à y résister, quand bien même les circonstances jouaient contre moi). Différent, donc, mais « même » aussi ! Et « même », *fondamentalement*, car homme au même titre que moi : il est trop facile, en effet, et complètement inadéquat, de se débarrasser du problème en disant que les bourreaux ne sont pas des hommes mais des monstres, des bêtes, etc.

Au niveau *juridique*, la reconnaissance est acquise : le bourreau est jugé en bonne et due forme (entre autres : il a droit à une défense) ; la loi *humaine* se prononce à son égard. Mais au niveau *moral*, qu'en est-il de la reconnaissance du bourreau ?

D'abord, il est clair qu'il serait *immoral* de pousser la reconnaissance jusqu'à la *tolérance* au sens où Lévi-Strauss entend ce terme (« ... promouvoir ce qui veut être »). Il est donc clair qu'il y a un devoir de poser des limites à la tolérance : le mal *ne doit pas* être toléré. Par contre, la reconnaissance morale doit acquiescer à la reconnaissance *juridique* telle qu'elle a été brièvement définie car, encore une fois, la morale ne manque pas du courage de regarder en face l'humanité dans son inhumanité, ne renvoyant pas commodément, confortablement, l'inhumanité en dehors des limites de l'humanité. Ainsi, en

---

264 *Race et Histoire*, Denoël, Paris, 1987, chapitre X, p. 85.

265 Eichmann, lors de son procès à Jérusalem, a été amené à dire ceci, qui n'est pas sans pertinence : « Celui qui est citoyen d'un bon gouvernement a de la chance, celui qui est citoyen d'un mauvais gouvernement n'en a pas. Je n'ai pas eu de chance » (rapporté par H. Arendt, *Eichmann à Jérusalem*, p. 286).

aucun cas l'attitude compréhensive n'empêche-t-elle la *punition* ; bien au contraire, elle lui donne tout son sens, la punition s'adressant à l'autre en tant qu'être libre et (donc) *responsable*. On comprend, dès lors, pourquoi la « peine » de mort, quant à elle, comme jadis l'exil en dehors des limites de la Cité, représente une démission de la loi et, partant, de la pensée : elle est en vérité une *non-peine* en tant qu'elle « évacue » le problème (en quelque sorte). Au mieux soulève-t-elle la question de savoir si le bourreau doit être regardé comme *non perfectible*, de sorte que, condamné lui-même au mal, il n'y aurait pas de sens à lui laisser du temps pour une éventuelle prise de conscience de ses propres fautes. Mais dire d'un homme reconnu comme homme en tant que responsable et coupable de ses fautes qu'il n'est pas perfectible, c'est se contredire lourdement : en effet, si le coupable est *jugé* et qu'il est effectivement regardé comme *coupable*, c'est qu'il est regardé comme *libre*, et s'il est regardé comme libre, cela implique qu'il soit regardé aussi comme *perfectible*. P.G. Sur, dans son ouvrage bouleversant intitulé *Dans les yeux du bourreau*, conclut, après le procès de Douch, bourreau du tristement célèbre camp S4 dans lequel les Khmers rouges ont perpétré des crimes abominables, des crimes contre l'humanité : « On ne peut pas ré-humaniser un criminel contre l'humanité »[266]. Phrase terrible à quoi nous nous contenterons de répondre : « Nous n'en savons rien ! » ; car s'il s'agissait d'en être certain, il faudrait cesser même de juger les bourreaux en tant que dés-humanisés : on ne juge que les hommes ; pas les pitbulls.

Mais au-delà de l'acquiescement de la morale à la reconnaissance juridique du bourreau, se pose cette question *proprement morale* qui est celle du *pardon*, pardon dont V. Jankélévitch a pu dire qu'il était « mort dans les camps de la mort ». Le pardon est-il un devoir moral, en ce sens que, comme le signalait le philosophe Hegel, il serait ce par quoi le mal ne serait pas maintenu (entendons : le refus de pardonner maintiendrait le mal) ?

[266] Jean-Claude Lattès, Paris, 2010, p. 193.

Qu'est-ce exactement que pardonner ? S'agit-il de regarder la faute commise comme *nulle* ? Non, car c'est bien parce qu'il y a faute *reconnue* que la question du pardon se pose. S'agit-il alors d'*oublier* la faute ? Pas davantage et pour la même raison ; sans compter que l'oubli à proprement parler n'est pas un acte de la volonté : *de fait*, on oublie ou on n'oublie pas. Le pardon est-il alors un prolongement possible de l'acte juridique ayant déterminé la peine, à partir du moment où la peine a été purgée ? Non, le pardon ne peut pas être *conditionné* par une sorte de « rachat », de « purgation », etc. (le bourreau a purgé sa peine, alors...) ; le pardon est indépendant de la *justice,* il n'est pas commandé par ses normes. Le pardon relève entièrement de la moralité, d'abord dans le sens où il ne peut pas être une affaire collective (de plusieurs vis-à-vis de plusieurs ou de plusieurs vis-à-vis d'un seul), et encore moins une affaire collective *régulée*. Il ne peut être, en effet, que l'affaire d'une conscience individuelle (vis-à-vis d'un seul ou de plusieurs, mais alors « regardés » individuellement) qui détermine ses propres normes, assume la responsabilité de ses propres maximes.

Mais que *décide* exactement la conscience individuelle qui pardonne ? *Décide*-t-elle, d'ailleurs ? Le pardon relève-t-il de la volonté éclairée ? Ou vient-il *malgré soi* ?

On ne peut rendre raison du pardon que comme venant paradoxalement *librement malgré soi*. Malgré soi et *malgré tout*.

Pardonner ne peut en effet pas être une attitude commandée par une décision volontaire *justifiée par la raison* ; précisément, ça ne peut pas être une attitude dont la nécessité *se déduit* d'une *compréhension* (j'ai compris pourquoi x a fait ceci, *donc* je lui pardonne), ni d'une ouverture *compréhensive* (je postule que x a ses raisons pour avoir fait ce qu'il a fait, *donc* je lui pardonne). Le pardon, s'il est *un par-delà la justice*, est également *un par-delà les raisons* : *un par-delà toute compréhension effective* et *un par-delà l'attitude compréhensive* ; il ne peut logiquement pas s'ensuivre de quelque « donc » que ce soit, mais que surgir comme *un fait s'auto-normant* (je dis que je pardonne et je pardonne vraiment). Le pardon, autre de la rancune, est comme un météorite dans le cercle de toutes les raisons.

Egalement et conséquemment, on ne peut rendre raison du pardon que comme venant *malgré « tout »*, précisément parce que le pardon ne se fait ni sur la base d'une annulation du jugement de l'acte comme faute, ni sur celle d'un oubli de la faute, ni, par conséquent, sur celle d'une disparition éventuelle de la colère, de la tristesse, du désespoir… liés au mal fait et subi, ni sur la base d'une compréhension des raisons, ni sur celle du postulat du caractère compréhensible de l'acte qui reste pourtant mal compris, voire radicalement incompréhensible de son propre point de vue. Malgré « tout » (le tout étant ici un « rien de déterminant »), le pardon est accordé. Le « malgré tout » est défini de façon très parlante par Didi-Huberman : « C'est un « éclair » qui déchire le ciel quand tout semble perdu »[267]. Ici, on dira : c'est un « éclair » qui surgit quand il semble ne plus y avoir de raisons.

Faut-il alors regarder le pardon comme une attitude folle ou, tout au moins, *irrationnelle* ? Non, il ne convient pas de désigner le pardon comme un acte irrationnel, quand bien même celui-là semble poser un défi à la compréhension ; en effet, le pardon ne résulte pas d'une insuffisance de la pensée, pas plus qu'il n'est sans le moindre sens pour elle. V. Jankélévitch parle, lui, de l'*absurdité* du pardon ; il dit précisément cette chose troublante : « Lorsque la cruauté est à la fois immotivée et désintéressée, à la fois inexplicable et incompréhensible, peut-on faire autre chose que lui accorder la *sublime* absurdité du pardon ? »[268]

Peut-on faire autre chose que pardonner ? Bien sûr ! On peut précisément ne *pas* pardonner ! On *peut*. Mais le *doit*-on ? Doit-on ne *pas* pardonner le crime contre l'humanité, dans le sens où le pardonner serait ne pas mesurer son caractère d'extrémité et que ne pas mesurer ce caractère d'extrémité serait une faute ? Ou doit-on, au contraire, le pardonner, dans le sens ou la morale le commanderait (en tant qu'absurdité, certes, mais *sublime*) ? Encore faut-il se demander en quoi il y aurait du sublime dans

[267] *Images malgré tout*, Les Editions de Minuit, Paris, 2003, p. 225.
[268] *L'Innocence et la méchanceté*, p. 172 *(c'est nous qui soulignons)*.

le pardon qui s'adresse au bourreau. La réponse est là : « La gratuité infinie du pardon est seule à la mesure de l'infinie gratuité méchante, seule capable de la devancer, de l'englober, de la désarmer »[269]. Il faut plus que jamais insister sur le caractère de *gratuité* du pardon et sur le caractère d'*infinité* de cette gratuité ! En somme, le pardon *est l'acte absolu de la liberté* et, chose extraordinaire : il la *prouve* ! Il prouve que la liberté n'est pas qu'une hypothèse mais bien une *réalité* (humaine) ! En tant qu'il se détermine sans être déterminé par quelque cause que ce soit, ni par quelque fin que ce soit, il est la *ratio cognoscendi* de la *liberté* ! L'acte *gratuit* est là tout entier : dans le pardon. Il n'est pas dans le fait de jeter un homme hors d'un train, sans raison…, car ce « sans raison » n'est qu'apparence[270], un tel acte visant précisément à prouver ce qu'il *s'empêche d'être* en se *voulant* sans raison, à savoir l'infinie liberté.

Mais il faut insister là-dessus : le pardon *relève de* la morale mais *n'est pas* un devoir moral particulier : on ne pardonne pas quand on dit pardonner parce qu'on s'est dit qu'on *devait* pardonner. Chaque conscience, *entièrement libre*, *parfaitement autodéterminée*, accorde ou pas, par la *grâce* de sa liberté, le pardon. Qui ne pardonne pas n'est pas immoral ; qui pardonne ne l'est pas davantage.

Toutefois, une double réserve s'impose. La première est la suivante : on ne doit jamais pardonner *que le mal que l'on a subi soi-même*. Il est profondément déplacé, au sens fort du terme, de pardonner qui que ce soit pour le mal qu'il a fait à un autre, pour le mal que cet autre a subi. Aussi, qui peut pardonner au bourreau qui a tué, les personnes directement concernées n'étant plus ? Ne sont plus, pour (éventuellement) pardonner, « ces quatre petits enfants (…) forcés à s'agenouiller et à ouvrir la bouche. Lorsque les enfants, livides de peur, ont ouvert leur bouche, Schmidt a tiré successivement dans la bouche de chacun d'entre eux. Quatre petits gosses ont été assassinés ainsi, raidis dans la mort, sur le trottoir de la rue

---

269 *Idem*, p. 173.
270 A. Gide, *Les Caves du Vatican.*

Lagewnicka. Quatre âmes saintes et innocentes d'enfants de dix ans qui n'ont pas cru, jusqu'au dernier moment, que l'assassin les abattrait pour de vrai »[271]. A l'assassin, nul ne peut (ne *doit* !) pardonner son assassinat, mais seulement (éventuellement) le fait qu'il a provoqué sa propre peine profonde, son désespoir..., éprouvés du fait d'une compassion immense pour les victimes.

Mais qu'est-ce qui a pu conduire V. Jankélévitch à déclarer que le pardon était mort dans les camps de la mort, lui qui a su penser le pardon d'une manière si lumineuse ? On dira qu'en tant que le projet de la Shoah[272] était de tuer *tous* les Juifs, la propre logique de cette dernière impliquait qu'il n'en restât plus un seul pour pouvoir pardonner sa propre extermination. Et les *rescapés* ? Nous sommes tous des rescapés des crimes contre l'humanité. Mais nous le savons dans notre conscience. D'autres le savent aussi dans leur chair. Ces deux savoirs sont incommensurables. Tant de rescapés de crimes contre l'humanité ont révélé être désormais des étrangers dans le monde ! Profondément seuls. Morts à tant de choses de la vie[273] ! « La véritable horreur des camps », nous dit H. Arendt, est que « les prisonniers, même s'il leur arrive d'en réchapper, sont coupés du monde des vivants bien plus nettement que s'ils étaient morts »[274] !

Mais nous parlions plus haut d'une *double* réserve. Nous avons parlé déjà de la première, à savoir du fait qu'on ne doit jamais pardonner, si on pardonne, *que le mal que l'on a subi soi-même*. Quelle est la seconde ? Elle est celle-ci : le pardon *s'accorde*. Cela signifie que le pardon n'a de sens à être prononcé que si, déjà, celui qui a fait mal l'a *demandé*. « Le pardon n'est pas fait pour ceux qui n'ont jamais demandé pardon »[275], telle est une des phrases glissées par

[271] Nathan Weinstock, *Chroniques du désastre* : récit de Shloyme Frank (Journal du ghetto de Lodz), Genève, 1999.
[272] Et tout projet génocidaire.
[273] Pour approfondir la question, je me permets de renvoyer à mon ouvrage déjà cité : *Réflexions sur la question négationniste*.
[274] *Le système totalitaire*, Points-Seuil, Paris, 1974, p. 180.
[275] *L'Innocence et la méchanceté*, p. 172

V. Jankélévitch dans sa réflexion sur le pardon. Elle est capitale.

Alors demandons-nous : combien sont les auteurs qui vont jusqu'aux crimes contre l'humanité et qui demandent pardon ?

PARTIE IV

L'homme et l'animal : le rapport que la morale demande d'éclairer

« (...) la morale consiste tout entière
à théoriser l'affrontement entre la liberté et la nature,
entre la volonté et la séduction des désirs,
entre l'autonomie et l'hétéronomie ».
(A. Cugno, L'Existence du mal[276]*)*

L'ensemble des propos qui précèdent se fonde sur une distinction présentée comme absolument déterminante, à savoir celle entre la *nature* et la *culture* ; précisément : entre l'*animalité* et l'*humanité*. En fait, jusque-là, il a été considéré comme allant de soi cette idée que l'humanité se définit fondamentalement comme *la non-réduction à la simple animalité, à la simple organisation biologique,* non-réduction dont tient compte l'Inquisition mais précisément pas le nazisme, ce qui, du coup, a permis d'illustrer *deux* figures différentes du mal, dont il faut avouer que l'une, la seconde, est plus radicale que la première (dans ses principes et ses effets).

A partir de là, il est apparu que la moralité, tout entière « action » contre le mal, était compréhensible également par la considération de la distinction indiquée (nature/culture, animalité/humanité). L'atteinte à la moralité de l'homme est le mal, et elle consiste dans la négligence (par soi) ou l'empêchement (pour soi ou pour l'autre) de l'exercice de la moralité ; pis : dans la non-reconnaissance radicale de l'existence même de la moralité comme propre de l'humanité (donc dans la non-reconnaissance de la liberté humaine).

Mais est-ce si simple ? Entendons : les distinctions nature/culture, animalité/humanité sont-elles parfaitement substituables l'une à l'autre ? Par exemple, convient-il de penser que tout, dans la culture humaine est de l'ordre de la *liberté*, de sorte que, définissant le propre de l'homme comme étant sa liberté, il serait égal de fonder la moralité sur la non-réduction de la culture à la nature et de l'humanité à l'animalité ? Plus explicitement : que faire de l'animalité de (en) l'homme ? Celle-ci est-elle si séparée de ce dernier qu'il

[276] p. 110.

faille la renvoyer dans le troupeau global des bêtes ? Mais également, qu'est-ce que cela implique de définir l'humanité et la moralité ensemble, dans une distinction tranchée d'avec l'animalité ? Cela n'autorise-t-il pas une déconsidération du règne animal, une indifférence au traitement que les hommes peuvent infliger aux animaux ?

Assurément, la morale exige, pour s'assurer de la solidité de son fondement, que ces questions soient éclairées. Encore une fois, la question des *valeurs* est engagée. Mais le problème est bien de ne pas procéder par pétitions de principes, c'est-à-dire de ne pas répondre à ces questions sur la base de la validation, prise comme allant de soi, des distinctions déjà opérées : celles qu'il s'agit précisément de fonder !

L'arrachement humain à la « nature » humaine

« Il ne s'agit pas d'aller quelque part,
mais seulement de sortir ».
(M. Abensour, Le Mal élémental[277]*).*

Ce qui ne se trouve que dans une seule espèce, à savoir celle qui se pose la question d'elle-même, ce sont la *pensée* (à proprement parler) et la *liberté*. C'est donc cette espèce seule qui est au fondement de la moralité. C'est donc cette double exclusivité qui doit être opérante pour comprendre la moralité et son « autre », le mal.

Or il faut reconnaître que si aucun animal n'est pensant (à proprement parler) ni libre, par contre, tout, dans la culture humaine, ne relève pas de la *liberté*. C'est pourquoi il ne faut pas trop vite invoquer la culture pour fonder les questions de morale et se prononcer sur le mal. Si tout ce qui relève de la culture humaine relevait de la liberté, en fait, il n'y aurait pas d'objet pour les sciences de l'homme. Il faut bien accorder qu'au-delà des lois *naturelles* astronomiques, physiques, chimiques et biologiques, il existe des lois *naturelles* sociologiques et psychologiques. Elles portent sur le proprement humain, elles aussi, mais en ce qui concerne seulement son appréciation *descriptive*. Se défend donc tout à fait, contre le créationnisme (qui relève d'un aveuglement similaire à celui qui a généré l'Inquisition), cette idée que *l'évolution naturelle* a produit, parmi d'autres, un être particulièrement complexe en tant qu'il se montre capable de fabriquer, légiférer, échanger, créer, développer des sciences et des pensées… Aussi n'est-il pas erroné, finalement, de parler, d'un certain point de vue (celui des sciences de l'homme) de *nature humaine*. Mais immédiatement, il conviendrait, pour désigner sans ambiguïté cette dimension *naturelle* de l'homme, de réserver un concept qui soit autre que, précisément, celui d'homme (d'humain et d'humanité) : « homme-espèce »,

[277] p. 73.

« hominitude », nature hominide[278] … ? Ce qui, du coup, épargnerait, pour désigner l'autre dimension, d'avoir à parler d'humanité de l'homme ou du plus humain en l'homme.

Se pose en tout cas la question, ici, de savoir quand commence l'humanité à proprement parler. On répondra à juste titre : avec la liberté. Certes. Mais il faut bien avouer que la liberté est *en s'exerçant*. Et ne s'exerce-t-elle pas déjà dans les actes de fabrication, d'échange, de création… ? Incontestablement. Ce qui conduit à dire que l'hominitude et l'humanité existent inextricablement ensemble et qu'elles doivent donc, pour être compréhensibles autant l'une que l'autre, être pensées, quoique distinctement, toujours en même temps dans leur *articulation*. Les sciences de l'homme appellent la philosophie et la philosophie entend les sciences de l'homme. L'erreur (et la faute !) serait de réduire l'un à l'autre, d'un côté en ne voyant que du déterminisme dans l'homme, de l'autre en appréhendant la liberté comme siégeant dans une âme n'ayant pas d'autre destinée que de se libérer de *ce* corps (de la vie… terrestre). Respectivement, et pour parler vite : nazisme et angélisme. En d'autres termes, la distinction est opératoire pour la pensée, mais la pensée doit à un moment donné s'engager à penser la *réalité* de l'homme qui est unité de corps et de pensée, de nature-culture et de culture-liberté. Ainsi la morale a-t-elle un corps : celui de l'homme. Mais comme l'a admirablement développé Levinas, le corps de la morale est « visage », façon de distinguer le corps simplement biologique du corps porteur de la conscience morale. Cette conscience morale est *visage*, mais elle habite tout le corps de l'homme dès lors que celui-ci ne se regarde pas ou n'est pas regardé comme simple organisme biologique.

Il y a une conséquence (au moins !) *pratique* à cela : c'est que rien de ce qui concerne l'homme ne doit être regardé comme ne pouvant exister autrement qu'il n'existe : le travail, les échanges, la création, les sciences… n'ont pas qu'une seule et

[278] Il ne faut surtout pas prendre ce terme, ici, dans le sens qui lui est accordé dans le dictionnaire.

unique façon de se déployer, qui serait déterminée par la nature. Toutes les activités humaines sont rendues possibles, matériellement, par la nature, mais aucune n'est sans une dimension de liberté, donc sans une marge d'action possible, qui *doit* conduire l'homme à s'interroger sur les façons dont il travaille, échange, crée, fait des sciences, etc. et, éventuellement, à s'attacher à les modifier au nom de certaines valeurs dont la plus haute est celle de la moralité. La plus haute ? Déjà en tant que c'est en vertu de son principe même fondamental, à savoir la liberté, que toutes les décisions de modifications, toutes les actions… sont possibles. Ainsi y a-t-il du travail qui aliène et du travail qui libère, des échanges justes et des échanges injustes, des créations qui favorisent la pensée, d'autres qui l'empêchent[279], etc. Bref, il y a, dans toutes les activités humaines (« hominides »), des façons de les déployer qui sont humanisantes et d'autres qui ne le sont pas. Mais qu'est-ce que tout cela signifie si ce n'est que, dès lors qu'il est question de l'homme, la question morale se pose ? Rien de ce qui est humain (« hominide ») ne doit se développer sans la présence active de l'exigence morale.

Il ne conviendrait absolument pas de définir la moralité comme une *activité* à côté des autres. La moralité n'est pas une activité ; elle est fondamentalement indivisible : elle ne trouve rien en dehors d'elle-même qui puisse la juger, car elle est précisément cela même, à savoir l'exigence permanente de *se* juger. Aussi doit-on dire que l'exigence morale est le « lieu » où la liberté se maintient dans sa pureté : une sorte d'écrin pour elle. Tel est précisément le « lieu » où s'affirme l'humanité, irréductiblement. La liberté n'appartient pas à la *nature* humaine : elle en arrache l'homme en permanence, lui qui continue pourtant d'y vivre. Cette posture proprement humaine, qui ne peut être qu'en tant que *mouvement*, vaut à l'homme, dans la bouche de Jankélévitch, l'appellation « d'être amphibie balloté entre les deux pôles de l'union nécessaire et de l'union

[279] A ce propos, voir par exemple, *Comprendre l'art contemporain*, L'Harmattan, Paris, 2007.

impossible »[280], cette union étant précisément celle du corps et de la pensée, de la nature et de la liberté. Ainsi peut-on dire que l'homme est cet être de la nature qui vit en permanence comme une sorte d'*évadé* de la nature.

---

[280] *L'Innocence et la Méchanceté*, p. 29.

L'ombre de la vie sur la morale

« Le biologique avec tout ce qu'il comporte de fatalité devient plus qu'un objet de la vie spirituelle, il en devient le cœur. (...) L'essence de l'homme n'est plus dans la liberté, mais dans une espèce d'enchaînement ». (E. Levinas, Quelques Réflexions sur la philosophie de l'hitlérisme[281]*)*

Dire que la moralité est la suprême valeur implique que la vie ne l'est pas. C'est-à-dire que la morale, pour être ce qu'elle est (pour *être* tout court), exige le sacrifice (circonstancié) de soi comme vivant. Précisément, si, à un moment donné, la préservation de la vie exige le sacrifice de la morale, la morale commande de sacrifier sa vie pour préserver la morale, étant entendu que la morale implique toujours des hommes et qu'en conséquence, la préserver n'est jamais seulement préserver *la valeur d'une valeur* mais toujours en même temps des hommes. Difficile liberté. Difficile moralité. Difficile humanité.

Dans *Les naufragés et les rescapés*, P. Levi soulève la difficile question des membres des *Sonderkommandos* ; rappelons : de ces hommes détenus dans les camps et voués à la mort, mais qui, « en attendant », étaient chargés au plus près de faire fonctionner la machinerie des chambres à gaz et des fours crématoires. De ces hommes, l'historien G. Greif note que « non seulement ils étaient obligés[282] de participer au massacre en masse de leur peuple, mais encore qu'ils étaient pris dans une situation tragique et paradoxale, dans laquelle leur intérêt, inconscient, était qu'il arrivât le plus de convois possible avec leurs milliers de détenus juifs et que le travail ne cessât pas, car un arrêt ou même un ralentissement dans l'activité de l'usine de la mort signifiait pour eux une menace sur leur vie, laquelle

[281] pp. 18-19.

[282] Est-ce vraiment le mot adéquat, ici ?

dépendait directement de l'arrivage régulier de convois dans le camp »[283].

P. Levi soutient que personne n'est autorisé à juger ces membres des *Sonderkommandos*. Il n'a pas tort en soi, dans la mesure où, comme nous l'avons déjà mentionné, il ne doit pas exister d'autre tribunal que juridique, le tribunal moral n'appartenant pas à la collectivité humaine mais à la conscience de chacun. Toutefois, la raison que P. Levi donne pour fonder son propos ne paraît pas valable. En effet, il dit : « Je voudrais inviter quiconque hasarderait un jugement à se livrer sur soi-même, sincèrement, à une expérience conceptuelle : qu'il imagine, s'il le peut, avoir passé des mois ou des années dans un ghetto, tourmenté par la faim chronique, l'épuisement, la promiscuité et l'humiliation (...) ; voyager vers l'inconnu, à l'aveuglette, pendant des jours et des nuits, sans sommeil, et se trouver pour finir jeté entre les murs d'un enfer indéchiffrable. Là, on lui offre de survivre, et une tâche cruelle mais imprécisée lui est proposée, ou plutôt imposée »[284]. Il faut demander, ici : mais que vaut l'opinion de celui qui imaginerait, comme il est-demandé, ce qu'il aurait fait dans des situations similaires, par rapport à *la norme de l'exigence morale* ? Outre cela, P. Levi confond, ici, l'attitude *compréhensive* et la moralité.

Dans les *Manuscrits des Sonderkommandos* retrouvés enterrés à Birkenau, certains membres des *Sonderkommandos* ont eu ce courage de se juger eux-mêmes à l'aune de l'exigence morale, et leurs paroles ont une valeur immense pour l'humanité. Voici un passage : « Comme si tu te persuadais que tu ne te soucies pas de ta propre vie, de ta propre personne, mais uniquement de l'intérêt de la collectivité pour la survie, pour telle ou telle raison, dans tel ou tel but, on trouve des centaines de prétextes. Mais la vérité, c'est qu'on a envie de vivre à tout prix (...) je suis tombé sous la pression de la volonté de vivre (...) »[285].

C'est ainsi à l'aune de la suprême valeur de l'humanité de l'homme que tous les débats humains devraient être menés. Le

283 *Des Voix sous la cendre*, p. 433.

284 pp. 58-59.

285 Z. Lewental, *Des Voix sous la cendre*, p. 140.

siècle en cours, dans le prolongement du précédent, l'oublie trop souvent et laisse la vie faire de l'ombre à la morale. Une seule notion vaut la peine, comme exemple, d'être évoquée ici, en tant qu'elle porte lourdement la charge de cet « oubli » : celle de *bioéthique* qui, sans s'en rendre compte, s'harmonise parfaitement à celle de *biopouvoir* que M. Foucault avait produite, mais dans un esprit *critique* ! Cette notion de *bioéthique* signale en effet une grave *inversion* (qui réjouirait sans doute ce philosophe qui, au nom de la vie, a finalement semé ce qu'il prétendait dénoncer lui-même, à savoir une pensée *mortifère* : Nietzsche). Ainsi l'humanité, aveuglée par la vie, s'autorise-t-elle déjà, en matière de biologie et de médecine, un certain nombre de manipulations contraires à la moralité ; en tout cas, très problématiques au regard de cette dernière.

L'air de rien, en effet, c'est bien souvent la considération de la vie comme bien le plus précieux, qui impose sa norme à la morale, par exemple qui définit, sans recul, les normes de la vie *bonne* (santé, performance...), la vie prenant ainsi le statut d'autodéfinition, lequel, pourtant, ne peut appartenir qu'à la morale. Ainsi, par exemple, alors que l'on prétend condamner l'eugénisme, ce dernier est parfaitement pratiqué, par exemple avec ce que l'on appelle joliment, pour faire oublier le sens du geste, les avortements « thérapeutiques », lesquels consistent à interrompre des grossesses avancées lorsque, par exemple, il a été diagnostiqué, chez le fœtus, l'anomalie de la trisomie 21. Que soigne, qui soigne ce genre d'avortements, pour être dits « thérapeutiques » ? La question mérite d'être posée, et bien d'autres.

Bioéthique, biopouvoir, biohistoire... Le monème « bio » a de beaux jours devant lui... au détriment de l'humanité de l'homme. Le biopouvoir ne pense plus les hommes en terme de conscience mais en terme de « corps » social qu'il s'agit de « faire croître sous toutes ses formes par une détection-prévention-correction des maladies qui la caractérisent »[286]. Une politique tout entière *hygiéniste*, en quelque sorte ; qui réactive

[286] G. Le Blanc, article *L'Archéologie médicale du bio-pouvoir*, Université de Lille 3.

(mais se sont-ils seulement, depuis lors, endormis ?) les principes au fondement de l'Etat nazi dans lequel l'activité politique se concevait comme une activité médicale en charge de détecter les pathologies sociales pour en débarrasser le corps collectif. Comme cela dure, il convient bien d'aller jusqu'à parler de biohistoire ! Mais Foucault accorde à ce terme un sens particulier qui nous ramène tout droit aux obsessions contemporaines en matière d'*écologie*. G. Le Blanc qui commente le philosophe dit précisément : « C'est lorsque l'autorité médicale ne fonctionne plus comme autorité de savoir mais autorité sociale dans des décisions relatives à la ville, un quartier, c'est lorsque parallèlement à cette extension de l'autorité sociale de la médecine des domaines distincts de la médecine sont désormais l'objet de la médecine, l'air, l'eau, les constructions, les terrains, les égouts… qu'il y a à proprement parler médicalisation de la société » [287] ; et il ajoute précisément : « La médicalisation de la société est le signe que nous sommes désormais dans ce que Foucault appelle la biohistoire »[288].

Le langage n'est jamais anodin. Il révèle souvent ce qu'il cache ; mais ce qu'il cache, il le cache souvent pour justifier l'acte qui lui correspond. L'extermination ? N'extermine-t-on pas que des parasites ? Donc ce que l'on se permet d'exterminer, ce ne peut être que des parasites ! Et l'on peut alors continuer à dormir la conscience tranquille !

Rien ne va de soi, en matière de vie, lorsqu'il s'agit de la vie de l'homme, car c'est à ce niveau-là que peut se jouer le plus sournoisement et le plus facilement, le langage aidant, la réduction de l'humanité à l'hominitude, l'homme à sa nature.

---

[287] *Ibidem.*
[288] *Ibidem.*

L'aliéné mental, l'enfant, l'animal

« (..) tous les êtres vivants sont « cousins ».
Cette parenté n'a en elle-même aucune importance,
sauf à se réclamer de valeurs
qui accorderaient une place centrale
au lignage ou au « sang » ».
(E. Reus, Le scandale de la généalogie darwinienne)[289]

Rapprocher de la sorte, dans un titre, l'aliéné mental, l'enfant et l'animal peut paraître au premier abord, à l'aune même de la morale, scandaleux. Mais c'est avant tout aux yeux de notre morale *positive* (celle dont Pascal disait précisément que la vraie morale se moque) que ce rapprochement apparaît d'emblée comme scandaleux. Pour l'exigence morale, ce rapprochement renvoie à un réel problème qu'elle se doit d'interroger. En effet, à partir du moment où tout l'édifice de la morale repose sur la reconnaissance de l'humanité de l'homme (qui est liberté exercée *purement* au niveau de la conscience morale), la morale ne peut éviter la question suivante : n'y a-t-il pas, parmi les hommes, certains d'entre eux qui se réduisent à leur « hominitude » (les enfants dits sauvages, les aliénés mentaux, que l'aliénation ait une cause physiologique ou psychique…). Incontestablement.

Mais maintenant se pose cette autre question : celle de savoir quelle considération la morale commande aux consciences morales d'avoir en direction de ces « hommes-espèces » (si tant est qu'ils ne soient vraiment que cela) ? Est-ce la même que celle qu'elle commanderait d'avoir en direction des (autres ?) animaux, s'il en est une ?

Si l'enfance est promesse en matière de moralité (et c'est en cela que celle-ci est éducable), il est clair que l'aliéné mental, en tant qu'il appartient à l'*espèce* humaine, se trouve, lui, tout

---

[289] Article paru dans la Revue *Problèmes politiques et sociaux*, *L'animal dans nos sociétés*, n° 896, janvier 2004, p. 26.

au contraire, *condamné* à la privation de *sa* conscience morale. Dire, ici, *sa* conscience morale, vise à indiquer qu'effectivement, l'aliéné mental n'est pas sans conscience morale de la même façon que le sont les animaux. L'aliéné mental ne se définit pas adéquatement comme celui qui est *sans* conscience morale mais comme celui qui est *privé* de *sa* conscience morale. L'aliéné mental est ainsi un homme qui subit un véritable *malheur* : celui d'un handicap majeur.

Ainsi l'aliéné mental concerne-t-il parfaitement l'exigence morale en tant que l'homme qui jouit de sa liberté se doit de le respecter dans sa personne (marquée par la privation), dans son corps-visage, même si le regard de ce visage est éteint. L'homme n'accorde-t-il pas des funérailles à ses morts, ces hommes marqués par la privation de leur conscience morale par la privation advenue de leur vie ? Cela est bien ainsi parce que l'homme a compris qu'un cadavre humain n'est pas qu'un corps physico-chimique mais reste un corps-visage (aussi abîmé soit le corps biologique du défunt). En anéantissant totalement le corps de leurs victimes, les nazis ont tenté d'anéantir, en soi, le corps comme visage…, la liberté et la moralité.

Ainsi, à l'aune de la morale, il convient de définir l'enfant comme « le pas encore tout à fait », l'aliéné mental comme « le plus », au même titre que le défunt, les seuls éléments distinguant l'aliéné mental de ce dernier étant que le premier est en vie et qu'il a toujours-déjà été privé de *sa* conscience morale. Les notions temporelles introduites ici ne sont pas à comprendre selon la mesure du *temps* ; la morale n'est pas déterminée par le temps. Par exemple, ce n'est jamais le temps qui efface une faute (c'est si loin !), mais toujours un *acte moral*, tel que, par exemple, le pardon accordé à l'auteur de la faute qui l'a demandé (peut-être beaucoup d'années après la faute). Dans *Par-delà le crime et le châtiment*, J. Améry désolidarise parfaitement le temps et la moralité. Il dit, par exemple : « La conscience naturelle du temps est enracinée dans le processus physiologique de la guérison de la blessure (…). Elle a de ce fait un caractère non seulement extramoral mais aussi *anti*moral »[290].

Mais revenons à l'enfant : sa conscience morale, une fois libérée des limites de l'enfance, lui demandera des comptes, et ce, du fait de sa propre décision, car il est possible aussi de *décider* de demeurer, toute sa vie, sourd aux exigences de la morale. Encore une fois il ne s'agit pas, ici, d'évoquer un effet du temps, mais bien un acte moral : le regret, le remords, le repentir... Dans son livre *Dans les yeux du bourreau*, P.O Sur rapporte un bout de l'histoire d'un ancien enfant ayant perdu toute sa famille pendant la période khmère rouge. Il avait sept ans au moment des faits : il se trouvait parqué dans un camp avec sa mère et, comme tous ceux qui s'y trouvaient, une des plus grandes souffrances était causée par la faim. Une nuit, sa mère qui avait volé une mangue alla la partager, au péril de sa vie, avec lui. Le lendemain, l'enfant dénonça sa mère, laquelle fut immédiatement exécutée, devant lui. Ce qui, pour l'enfant, fut un grand *malheur*, lui apparut plus tard comme un *mal*.

Le *sentiment* de culpabilité de l'adulte que l'enfant est devenu signale le plein exercice de sa conscience morale se jugeant elle-même sans complaisance ; ce qui ne veut pas dire que la réconciliation avec soi n'est pas possible, ni non-souhaitable. Cette réconciliation n'est pas avantage immorale, mais à la condition qu'elle survienne précisément sur le fondement d'un sentiment de culpabilité *en tant que dépassé*. En somme, nulle conscience morale n'est autorisée à se soustraire à un retour sur son enfance pour se mettre rétrospectivement au clair avec elle-même. Le sentiment de culpabilité est l'épreuve incontournable de toute conscience morale qui ne se nie pas elle-même et qui ne soumet pas la morale au temps : cela fait si longtemps… ! En somme, la conscience morale ne connaît pas la prescription pour soi. Difficile liberté. Difficile moralité. Difficile humanité.

Que faut-il conclure, à la lumière de tout cela, concernant le rapport de la morale à l'animal, lequel n'est pas du tout dans la posture de l'aliéné mental, ni dans celle du défunt, ni dans celle de l'enfant. Il convient de conclure que la conscience morale ne

[290] p. 155.

commande *rien* en direction des animaux. En tout cas, il faut écarter cet argument développé pour la première fois par C. Lévi-Strauss et souvent repris ensuite, selon lequel la considération des bêtes doit être regardée comme une garantie, un garde-fou de l'exercice de la conscience morale, celle consistant à se préparer à respecter les différences. Précisément, l'ethnologue dit : « (…) l'homme, commençant par respecter toutes les formes de vie en dehors de la sienne, se mettrait à l'abri du risque de ne pas respecter toutes les formes de vie au sein de l'humanité même »[291]. Ainsi, respecter les animaux, en tant qu'êtres différents de soi, préparerait chacun à savoir respecter *tous* les hommes, quand bien même certains présentent des différences d'avec soi (couleur, coutumes, religion, etc.). Argument fallacieux, en tant que c'est précisément souvent en rabaissant certains hommes au rang de bêtes que nous nous autorisons à leur faire subir les pires atrocités. Ainsi faut-il bien se garder de tenter de favoriser le respect des hommes en commandant le respect des animaux, car cela reviendrait à asseoir le respect des hommes sur celui des animaux ! Inversion totale des valeurs. Cette inversion est parfaitement illustrée par un épisode, dont on ne sait si l'on doit en rire ou en pleurer, retransmis à la télévision, montrant, lors d'une parade policière, le commandant d'une équipe de policiers accompagnés de leurs chiens de travail : « Messieurs ! Soyez dignes de vos chiens ! ».

Ainsi, nous ne devons rien aux bêtes du point de vue moral. *Surtout* rien, car autrement la morale dégringole avec la prétendue exigence morale qui serait due aux animaux.

Par contre, il n'est pas interdit d'avoir individuellement une réelle affection pour les (certaines[292]) bêtes et de souhaiter en

---

[291] Entretien avec J. M. Benoist, *Le Monde*, 21 janvier 1979.

[292] Les dits « amis des animaux » ne précisent jamais de quels animaux ils sont les amis. Rarement de tous ; ce qui est bien logique car il serait incohérent de se dire ami à la fois de la biche et du lion vu que le second dévore la première ; en somme le lion peut être dit « maltraitant » de la biche, le chat de la souris, etc. Outre cela, combien de dits « amis des animaux » éprouvent-il une culpabilité sérieuse à écraser de temps en temps un insecte estimé gênant : moustiques, poux, cafards… ? Etc. Bref, le domaine de

conséquence leur confort, etc. Mais tout *devoir* en direction des animaux ne peut avoir d'autre statut que *juridique*. Précisément, les hommes peuvent tout à fait décider (et cela se fait déjà en bien des pays), pour une raison ou pour une autre, d'interdire (et, en conséquence, en cas de transgression, de punir) la maltraitance des animaux, au même titre qu'il est interdit, par exemple, de rouler à gauche quand on vit en France.

Toutefois, il est sûr que si la maltraitance à l'égard des animaux ne peut pas adéquatement être jugée d'*immorale* mais, éventuellement, d'hors-la-loi (de délit, voire, pourquoi pas, de crime), la morale sera tentée, avec l'œil du *soupçon*, de se demander : mais quel est cet homme qui se comporte avec *brutalité* envers les animaux, dès lors que ceux-ci sont sus comme *sensibles* ? Il faut bien parler, en direction des animaux, de *brutalité* et non de *cruauté*, le second concept portant en effet avec lui le sous-entendu d'une valeur d'ordre moral condamnant l'attitude en jeu. La brutalité, en elle-même, n'engage pas les valeurs mais un rapport établi aux corps et, en particulier, à leur éventuelle sensibilité. Aux corps ? Je peux par exemple être brute en ouvrant une porte, en vidant une caisse de son contenu, etc. Et aux corps sensibles ? La brute qui a pour « objet » un corps sensible est en particulier une personne qui n'éprouve aucun scrupule à *faire mal* à un être sensible *non humain*, que ce mal soit gratuit ou justifié, par quelque raison que ce soit, voulu ou accidentel. Par contre, si la personne brute l'est en particulier à l'égard de ces êtres sensibles que sont les hommes, elle est, en plus, *cruelle* ; c'est-à-dire qu'en faisant mal elle fait aussi « le » mal.

La morale condamne ainsi la brutalité en direction des hommes, qui est cruauté. Elle ne peut pas condamner en son nom la brutalité en direction des animaux. Mais encore une fois, avec la brutalité qui se déploie à l'égard des animaux, la moralité n'est pas tranquille : elle sait que l'indifférence à l'égard de la souffrance des animaux qui partagent avec les hommes la sensibilité a peu de chance de connaître une frontière ferme qui puisse la retenir dans le règne animal. En

l'amitié en direction des bêtes est une foire aux sentiments toujours très ambivalents.

somme, la moralité éprouve le soupçon suivant : peut-être n'est-ce pas tant la brutalité à l'égard des animaux qui rendrait plus exposé au risque de la chute dans l'immoralité, que l'inverse, à savoir : la facilité à se laisser tomber dans l'immoralité qui s'exprimerait, d'abord, au moins, dans la brutalité à l'égard des animaux. Cette simple possibilité ne suffit pas à fonder un devoir moral en direction des animaux. Mais en tout cas, elle invite à *cultiver*, contre la brutalité, le *sentiment* de *pitié* à l'égard des êtres sensibles que sont ces derniers.

CONCLUSION

> *« La condition humaine est que c'est l'individu qui pense, j'entends universellement (...). Ce que tout le monde dit, personne ne le pense ».*
> *(Alain, Propos de 1921)*

L'homme a déjà inventé le moyen de lutter contre le mal. Faudrait-il dire plutôt : d'*éviter* le mal ? Non. A la limite conviendrait-il de dire que l'homme a déjà trouvé le moyen de *s*'éviter le mal, tant celui qu'il peut subir que celui qu'il peut faire lui-même à d'autres. Le plus juste serait encore de dire que l'homme a déjà trouvé le moyen *pour* lutter contre le mal. Il ne s'agit pas, là, d'entrer dans un jeu rhétorique mais de se méfier des mots, lesquels emportent les pensées. Il s'agit d'éviter de sous-entendre trop facilement que le mal est là, en face de soi, et qu'il s'agit, pour *bien* faire, de s'en protéger ou de tenter de le mettre hors d'état de nuire. Il importe d'abord de s'occuper de soi-même ; Kant dirait : de se préoccuper de « sa propre perfection ». Mais comme l'humain n'existe pas seul auprès des autres mais *avec* les autres (tel est le sens du *politique*), il y a bien une œuvre collective qui est exigée par la moralité elle-même, à savoir celle d'assurer un vivre-ensemble dans lequel les conditions de possibilité de l'exercice de la moralité de tous soit assurée. Promue, au-delà d'assurée ? Il faut se méfier des grands enthousiasmes générateurs de fanatisme. Assurer, c'est cela. Et c'est beaucoup. Assurer, par exemple par une éducation digne de ce nom, c'est-à-dire, précisément, qui aide à développer, en chacun, sa propre pensée.

Qu'on l'appelle comme on voudra (démocratie ?), le moyen politique *pour* lutter contre le mal (d'abord contre la possibilité du sien propre), c'est bien la mise en œuvre et l'entretien, sans relâche, d'un lieu du vivre-ensemble dans lequel les consciences restent libres, toujours, de *formuler leur estimation des valeurs*. On n'ignore pas, certes, la difficulté que cela représente car une telle œuvre expose toujours au déploiement de travers qu'elle rend elle-même également possibles, comme en réaction, par exemple la démission vis-à-vis de l'effort que demande la pensée, la recherche de chefs sur qui se reposer, etc. La Boétie parlait déjà, au XVIe siècle, de cette tentation d'une paradoxale servitude volontaire !

Le refus de *penser* et de *dire* ses pensées (pour éviter de « casser l'ambiance », de paraître « brise fête »..., de se retrouver seul à penser ce que l'on pense) alors que sont bien réunies les conditions (en tout cas *objectives*) permettant effectivement le déploiement de la pensée et son expression est ce qui, plus que tout, participe à la dégradation des démocraties pourtant portées par l'idéal d'une responsabilité de *tous* les citoyens dans l'affirmation de l'humanité.

Penser, ça n'est pas *avoir des opinions*. On *a* des opinions comme le cheval a des sabots et le canard des palmes palmées, pour s'inspirer d'un propos d'Alain. Entendons par là qu'il est « naturel » que cet être doué d'un cerveau complexe qu'est l'homme produise des opinions. Chacun qui en reste aux opinions *tient à* ses opinions car elles sont une excroissance de ce qui le constitue. Mais de ce qui le constitue en matière de *déterminités* (ce qui relève de son éducation, de sa religion, de sa psychologie, etc.). Perdre une opinion est inconcevable pour celui qui y reste car ce serait perdre un bout de soi. Comme une mutilation. Une *pensée* est tout le contraire d'une opinion. On n'*a* pas des pensées : on *pense* (en vérité, c'est toujours un « je » qui pense). Entendons par là que penser est une activité, une production de la raison qui se veut libre (ou, plutôt, qui est ce qui est libre en l'homme ou ce d'où vient ce qui est libre en l'homme, etc.). Une pensée ne se défend pas mais, au contraire, s'expose à celles des autres, car ce que veut une pensée, c'est s'enrichir de celles des autres pour continuer à penser. Pour garder la pensée en mouvement.

On le comprend bien : penser n'est pas davantage *céder à quelque idéologie* que ce soit, forme monstrueuse d'opinion collective. Une idéologie se reconnaît d'abord à ce qu'elle est « contre » ; elle vit de la masse qui y adhère et qui ne se constitue que lorsque, titillé au niveau de ses peurs, de ses faiblesses, etc., chacun disparaît en elle pour se dresser anonymement « contre » un autre alors diabolisé. Une idéologie est incapable de dialogue. Elle fige ses normes et définit ainsi des marginaux qui deviennent sa cible.

Une idéologie est ainsi toujours immédiatement en guerre. Mais elle se pare de beaux mots. Cela est désormais bien connu : toute idéologie se constitue une « novlangue » [293] permettant de remplir les consciences d'automatismes qui la servent. Les mots de Bien et de Mal font toujours partie de son dictionnaire, en très bonne place. Hitler assurait, dans *Mein Kampf*, qu'il s'agissait, en exterminant les Juifs (plus précisément : « la juiverie »), de débarrasser le monde d'une « peste morale », de faiseurs « d'ordures jetées au visage de l'humanité », des « pires bacilles » et d'« empoisonneurs d'âme » ! Ainsi les consciences se laissant glisser vers la non-pensée en se gargarisant de la notion de « Bien » le font-elles tranquillement. Ne s'agit-il pas d'entrer en guerre contre les mauvais, le peuple du Mal… et de sauver le monde ?

Or s'attribuer le « Bien » comme une propriété et partir en guerre contre le « Mal » est toujours le signe qu'on se trompe, tant sur soi que sur l'autre. Le devoir de chacun est *d'abord* de lutter contre le mal que l'on commence à faire soi-même dès lors que l'on renonce à vouloir la liberté (de soi comme de l'autre) *et* le dialogue de ces libertés (seul vrai dialogue).

Et ensuite ? *Se défendre* quand il apparaît trop tard. Lorsque l'on *juge librement, en toute conscience,* toujours au risque de se tromper, qu'il est *devenu* trop tard. Trop tard pour que l'autre entende qu'il doit cesser immédiatement son agression contre l'humanité.

Ainsi les idées de liberté et d'humanité n'appartiennent-elles à aucune idéologie. Elles ne vivent que par la pensée ; leur souffle est la pensée ; humaine et libre. Là est la transcendance dont l'homme est porteur et qui le dépasse. Difficile pensée. Difficile liberté. Difficile humanité.

---

[293] G. Orwell, *1984*.

POSTFACE

Le bien, le mal. Blanc et noir : entre, toutes les teintes du gris. Le bien absolu n'existe pas. Le mal absolu existe. Le philosophe et l'historien l'ont rencontré. Tous deux peuvent en parler, le philosophe pour le comprendre, l'historien pour le décrire et l'interpréter. Philosophe, Nicole Abécassis a donc questionné le mal dans un ouvrage remarquable qui propose de mettre face à face l'Inquisition et la Shoah. Demander à un historien de postfacer son livre est une manière délicate d'affirmer la complémentarité de cette science de l'homme et de la philosophie.

Au Moyen Age, l'Inquisition se développe au sein d'une Église qui se réclame de l'Évangile. Comment une religion, toute d'amour et de tolérance, a-t-elle pu brûler vifs ceux et celles qui ne reconnaissaient pas son enseignement ? Pendant des siècles, les pouvoirs temporel et spirituel s'étaient affrontés, l'empereur et le pape : l'un avait la force des armes, l'autre la foi. La promesse d'un enfer pour l'éternité assure le triomphe de l'Église catholique. Mais l'hérésie la menace. Pour l'éradiquer, elle a recours au mal : le brodequin, le bûcher ; réduire l'hérétique, le relaps en cendres. Mal absolu si l'on se réfère à ce temps-là, mal relatif puisque l'individu est préservé. Sa liberté est certes relative, mais il peut ne pas avouer. Seul face à ses tortionnaires, il reste un homme.

Vient le moment où le créationnisme cesse d'être la seule explication de l'origine du monde. La nature s'offre aux questions de savants épris de Lumières. L'homme reprend ses droits. L'humanité ne serait pas l'œuvre de Dieu. Des principes, des devoirs sont élaborés. Au milieu du XIXe siècle, l'évolution explique l'origine des espèces. Mais le feu couve sous la cendre des bûchers. Les anti-Lumières préparent d'autres incendies que vont allumer des idéologies meurtrières, et singulièrement celle-ci : le racisme biologique, l'inégalité des races démontrée par la science, d'abord par l'hérédité. Alors que les droits de l'homme font advenir les démocraties, des nationalismes avides d'espace vital préparent des catastrophes, singulièrement celle-ci à l'échelle de la planète, la Shoah. Le mal est absolu, pensé par un agitateur vomissant sa haine, mais aussi par des intellectuels froids qui, au terme d'un raisonnement cohérent, concluent à la nécessité d'exterminer un groupe humain afin de l'éradiquer de la surface de la terre. Le national-socialisme fait disparaître l'individu. Il n'est plus qu'une cellule du corps du peuple allemand, une abstraction affirmée comme seule vivante à travers les générations. On est là dans le registre du mal absolu, de la mort de l'homme, double déshumanisation de la victime et du bourreau, triple même puisque le témoin cesse aussi d'être un homme si, en ce temps d'apocalypse, il ne s'engage pas. Mal relatif hier où le *Manuel* de l'Inquisiteur préservait, bien peu sans doute mais encore pour quelques-uns, la liberté de l'individu. Mal absolu de la Shoah, où les cendres ne montent pas vers Dieu mais vers un ciel indifférent.

C'est ainsi que l'historien, s'il était convoqué à mettre en parallèle l'Inquisition et la Shoah, pourrait, après les avoir décrites, tenter de comprendre le mal. Pour lui, comprendre le mal, c'est connaître un événement, l'inclure dans une analyse historique en remontant aux sources. Pour lui, l'Inquisition a été, la Shoah a été. Toutes deux sont un objet d'histoire que l'on peut comprendre par le récit et l'interprétation. Dans son livre, la philosophe aborde différemment la compréhension du mal. Écartant une théodicée, elle s'attache au concept d'humanité, qui n'a d'autre sens que celui d'une éthique. Avec la Shoah, elle rencontre le refus de comprendre perçu par d'autres philosophes comme l'ébauche d'un impossible pardon, obstacle qu'elle écarte en demeurant sur le terrain de la morale et de la liberté. Tel est le propos de Nicole Abécassis : « N'appeler mal que ce qui, évitable, n'a pas été évité ou, pis, qui a été provoqué ». « Le mal reste l'affaire exclusive de l'homme, mais d'un homme sans Dieu, une question « hautement » philosophique, donc à comprendre ». L'historien ne peut à lui seul comprendre le mal. Il doit faire appel à la philosophie qui, elle, interroge le sens des actions. La possible inhumanité de l'homme l'oppose à l'impossibilité pour l'animal de perdre son statut (il va là où la nature le mène). L'homme est donc libre d'être inhumain selon qu'il se détermine ou non de la morale. Dans cette perspective, le mal absolu n'est rien d'autre que la transgression des interdits moraux, la disparition d'une éthique, seul recours pour éviter à une Église de sombrer dans l'intolérance, à un État de glisser vers le totalitarisme. La pensée philosophique rejoint ici le propos de l'historien qui identifie entre Inquisition et Shoah une rupture temporelle (la fin d'une morale liée au divin, l'avènement d'un droit rationnel) et qui analyse le mal comme la perte de la liberté de pensée, du droit à la désobéissance dans un État totalitaire. Le mal absolu, ce noir total que seul l'homme peut obtenir, est constitué par la négation de la pensée, l'éradication de valeurs morales.

Mais l'historien revient sur le territoire du philosophe pour appuyer son argumentaire en comparant ces deux aspects distincts du mal, deux événements radicalement différents. L'Inquisition ne vise pas à tuer mais à convertir, à ramener dans le droit chemin celui ou celle qui s'est égaré. Elle a pour objectif d'extirper l'hérésie par l'aveu sincère et n'abandonne au bras séculier que celui qui n'avoue pas ou le relaps. Le recours à la torture est perçu comme le moyen de l'éveil. Fanatique, l'Inquisition est convaincue de son bon droit qui justifie toute violence contre l'hérésie. Elle est, au Moyen Age, la forme la plus radicale du mal, mais elle n'est pas le mal absolu. A l'inverse de la Shoah, son histoire est écrite par les inquisiteurs. Il ne reste rien ou presque des écrits des hérétiques, systématiquement brûlés avec leurs auteurs. Le premier germe de cette horreur est dans la Bible, et le docteur angélique, saint Thomas d'Aquin, légitime la peine de mort frappant l'hérétique : « L'hérésie est un péché par lequel on mérite non seulement d'être séparé de l'Église par l'excommunication, mais encore exclu du monde par la mort ». Mais c'est avec la Shoah que, pour la première fois dans l'histoire de l'humanité, se manifeste la négation radicale de l'humanité de l'homme. Cette négation « à la racine » est bien le mal absolu. Pour parvenir à cette extrémité, le national-socialisme pratique un matraquage des esprits, un dressage qui réduit l'homme à la même animalité que celle dont il qualifie l'objet à exterminer. Il réduit le corps à deux fonctions : l'usage de la force et la reproduction. Le meurtre devient une nécessité biologique. Le mal ne peut aller plus loin qu'en effaçant toute trace d'humanité (liberté et pensée) chez les acteurs du drame, ce qui rend vaine la question du pardon. Les seules personnes à même de pardonner ont disparu et les bourreaux ne demandent presque jamais pardon.

Finalement l'humanité a survécu à ces catastrophes. Elle a retrouvé les principes fondateurs du droit, et d'abord, pour chaque individu, le droit à la vie, le droit à la dignité. Elle a fini par triompher du mal absolu que lui infligèrent au XXe siècle des idéologies meurtrières, comme elle était parvenue, jadis, à sortir des ténèbres de l'Inquisition en parvenant aux Lumières. Pour combattre le mal, il faut d'abord le cerner, le comprendre. C'est à cette tâche que s'attellent les vigilants. Nicole Abécassis est de ceux-là.

Juin 2011, Yves Ternon

TABLE DES MATIERES

PARTIE III

LA SHOAH OU LA NEGATION RADICALE DE L'HUMANITE DE L'HOMME *(p. 89)*

PARTIE IV

L'HOMME ET L'ANIMAL : LE RAPPORT QUE LA MORALE DEMANDE D'ECLAIRER *(p. 133)*

L'HARMATTAN, ITALIA
Via Degli Artisti 15; 10124 Torino

L'HARMATTAN HONGRIE
Könyvesbolt ; Kossuth L. u. 14-16
1053 Budapest

L'HARMATTAN BURKINA FASO
Avenue Mohamar Kadhafi (Ouaga 2000) – à 200 m du pont échangeur
12 BP 226 OUAGADOUGOU
(00226) 50 37 54 36
harmattanburkina@yahoo.fr

ESPACE L'HARMATTAN KINSHASA
Faculté des Sciences sociales,
politiques et administratives
BP243 KIN XI
Université de Kinshasa

L'HARMATTAN CONGO
67, av. E. P. Lumumba
Bât. – Congo Pharmacie (Bib. Nat.)
BP2874 Brazzaville
harmattan.congo@yahoo.fr

L'HARMATTAN GUINÉE
Almamya Rue KA 028, en face du restaurant Le Cèdre
CKB agency BP 3470 Conakry
(00224) 60 20 85 08
harmattanguinee@yahoo.fr

L'HARMATTAN CÔTE D'IVOIRE
M. Etien N'dah Ahmon
Résidence Karl / cité des arts
Abidjan-Cocody 03 BP 1588 Abidjan 03
(00225) 05 77 87 31

L'HARMATTAN MAURITANIE
Espace El Kettab du livre francophone
N° 472 avenue du Palais des Congrès
BP 316 Nouakchott
(00222) 63 25 980

L'HARMATTAN CAMEROUN
BP 11486
Face à la SNI, immeuble Don Bosco
Yaoundé
(00237) 99 76 61 66
harmattancam@yahoo.fr

L'HARMATTAN SÉNÉGAL
« Villa Rose », rue de Diourbel X G, Point E
BP 45034 Dakar FANN
(00221) 33 825 98 58 / 77 242 25 08
senharmattan@gmail.com

650941 - Avril 2016
Achevé d'imprimer par

1livre.com
du rêve à la réalité !